OS MORTOS TAMBÉM FALAM

Philippe Boxho

Os mortos também falam

TRADUÇÃO
Julia da Rosa Simões

AVISO DE CONTEÚDO SENSÍVEL: ESTE LIVRO DESCREVE SITUAÇÕES RELACIONADAS À MORTE
EM DIFERENTES CONTEXTOS, INCLUINDO CASOS QUE ENVOLVEM VIOLÊNCIA E SUICÍDIO.

Copyright © 2022 by Kennes
Agência literária: Susanna Lea Associates

Grafia atualizada segundo o Acordo Ortográfico da Língua Portuguesa de 1990,
que entrou em vigor no Brasil em 2009.

Título original
Les Morts ont la parole

Capa
André Hellmeister

Imagem de capa
Pepin Press, Amsterdam

Preparação
Suelen Lopes

Revisão
Huendel Viana
Marina Nogueira

Dados Internacionais de Catalogação na Publicação (CIP)
(Câmara Brasileira do Livro, SP, Brasil)

Boxho, Philippe
    Os mortos também falam / Philippe Boxho ; tradução Julia da
Rosa Simões. — 1ª ed. — Rio de Janeiro : Objetiva, 2025.

    Título original : Les Morts ont la parole
    ISBN 978-85-390-0862-9

    1. Boxho, Philippe, 1965- 2. Medicina legal 3. Médicos-legistas
– Bélgica – Autobiografia I. Título.

24-237222   CDD-614.1092

Índice para catálogo sistemático:
1. Médicos-legistas : Autobiografia   614.1092
Cibele Maria Dias – Bibliotecária – CRB-8/9427

Todos os direitos desta edição reservados à
EDITORA SCHWARCZ S.A.
Praça Floriano, 19, sala 3001 — Cinelândia
20031-050 — Rio de Janeiro — RJ
Telefone: (21) 3993-7510
www.companhiadasletras.com.br
www.blogdacompanhia.com.br
facebook.com/editoraobjetiva
instagram.com/editora_objetiva
x.com/edobjetiva

Sumário

Introdução	7
Como se tornar médico-legista?	11
A cena do crime	15
Morto-vivo	21
Assassina, ou quase	28
Alô, papai?	36
Combustão espontânea e outras putrefações	48
As moscas e o esqueleto	54
Montes de esqueletos	59
Uma múmia magnífica	66
Morte na fazenda	74
O homem que queria morrer	79
O enforcado não enforcado	89
A lareira	98
Tiros e vontade de morrer	107
O caso do garfo	117
Instinto selvagem	123
Com as próprias mãos	134
Falar demais	141

O complô das mulheres 147

A morta que transpira e outros afogados 159

Casos do tribunal do júri 165

Epílogo: Como o senhor consegue ter esse trabalho, doutor? 173

Introdução

"Loucura" é a primeira palavra que me vem à mente quando vejo o número de vendas dos meus livros. Nunca esperei tamanho sucesso. Esperava, no máximo, chegar a 5 mil exemplares vendidos. Esse número, para obras publicadas em francês, é prova de que o livro agradou os leitores. Mas essa marca vai muito além de minhas previsões mais loucas. Digo "previsões", e não "expectativas", porque eu não tinha qualquer expectativa em particular, salvo atingir os prestigiados 5 mil exemplares. Da mesma forma, nunca imaginei que meus livros seriam traduzidos para outros idiomas, lidos em outros países e até em outros continentes.

Meu objetivo nunca foi ser famoso, nem mesmo me tornar escritor, tampouco escrever três livros em sequência. Meu objetivo é divulgar minha profissão, uma profissão de bastidores, muito mal representada nas séries de TV e nos filmes de maneira geral. O médico-legista costuma ser retratado como um desajustado: parece impossível que um médico convencional possa preferir dar a palavra aos mortos a ouvir os vivos.

Meu primeiro livro, este que você tem em mãos, registra as anedotas que compartilho em minhas aulas na Universidade de Liège, seguidas de histórias de assassinatos ou falsos suicídios, e ainda acrescidas de dois capítulos com contextualização histórica.

Todas as histórias são verídicas, no sentido de que as constatações médico-legais são verdadeiras, mas eu dei a elas um toque de ficção, é claro, para torná-las mais agradáveis de ler do que simples relatórios técnicos. Os nomes foram alterados e os contextos, quando desconhecidos, foram adaptados. Mas todo o restante realmente aconteceu, nada foi inventado. Na verdade, isso não seria necessário, porque a realidade basta por si só, e a criatividade humana, como você vai ver, se supera quando o assunto é matar, se suicidar e fazer um corpo desaparecer.

O que mais gosto de fazer é descobrir pistas e indícios, todos os elementos que permitem dar a palavra aos mortos uma última vez e ouvir o que têm a dizer, ou seja, fazê-los falar, como indica o título do livro. São histórias surpreendentes, inusitadas, às vezes inacreditáveis, como a dos mortos que não estavam mortos, a do pai que a filha pensava ter matado a tiros, a do enforcado que não se enforcou e muitas outras.

A medicina legal não é uma profissão triste, como você vai perceber ao ler esses relatos, todos vividos por mim. O respeito que devemos aos mortos é o mesmo que devemos aos vivos, e sempre penso que é em nome desse respeito que eu manipulo e autopsio os cadáveres em busca da causa da morte. Portanto, não fique surpreso com o fato de eu narrar essas histórias em tom brincalhão. Não se trata, de forma alguma, de falta de respeito. Nós nos divertimos com a morte, e até com suas circunstâncias, mas nunca zombamos do morto em si.

Todas as autópsias e exames que você vai conhecer neste livro foram realizados com respeito aos cadáveres. A sala de autópsia é um lugar de vida, onde trabalhamos e trocamos ideias com magistrados, investigadores e o laboratório. Com quem conhecemos há muito tempo, falamos sobre família, filhos, colegas e conhecidos, contamos a piada do momento e até rimos, mas nunca às custas do corpo que estamos autopsiando. É com esse mesmo espírito de respeito que todos os corpos são costurados depois que os órgãos removidos para análise e exames são recolocados no lugar. O corpo é, então, devolvido à família para uma eventual última homenagem.

Também não quis narrar essas histórias em tom de lamento: a morte não é dramática para quem morre, nem para quem faz dela sua profissão.

Cada pessoa que examino é um objeto de trabalho — só se torna um sujeito quando a família fala sobre ela. Por isso não gosto de conversar com as famílias antes de examinar um corpo; prefiro me encontrar com elas após o exame, se assim desejarem e se a lei permitir.

O tom do livro é mais divertido, até humorístico em alguns momentos. Não pense que zombo do cadáver ou do autor do assassinato, nunca é esse o caso. O tom é assim porque é quem eu sou, e prefiro rir da morte antes que, um dia, ela sorria para mim.

Por fim, o que realmente me alegra é imaginar você, leitor, lendo meus livros mundo afora, confortavelmente sentado em sua poltrona, sorrindo, talvez até gargalhando...

Como se tornar médico-legista?

A primeira pergunta que costuma vir à cabeça é também a que me fizeram mais vezes nesses trinta anos de profissão: como alguém se torna médico-legista? Com certeza não foi algo que decidi de repente. Como acontece com todo mundo — afinal, ser médico-legista é uma profissão (quase) como outra qualquer —, essa escolha foi resultado de uma longa reflexão, de algumas coincidências e de um ou outro momento de inspiração.

Aos dezoito anos, idade em que tudo parece possível, eu queria ser padre. Cresci em uma família católica, auxiliava na missa todos os sábados e domingos, até fazia as leituras e ajudava a distribuir a comunhão ao lado do padre de nossa paróquia, um homem de aparência austera, mas com um coração de ouro. Eu estudava em uma escola de jesuítas e estava indeciso sobre o futuro. O sacerdócio me atraía profundamente; eu adorava estudar o evangelho, conhecer pessoas, ajudar os necessitados e me sentia pronto para abraçar essa vocação.

Havia muitos anos que eu acompanhava amigos ao santuário de Lourdes, incluindo um padre jesuíta com quem mantenho uma excelente relação desde os meus quinze anos. Durante algumas semanas das férias de verão, nos colocávamos a serviço da Hospitalité Notre-Dame de Lourdes. No verão de 1983, eu estava ajudando nas conhecidas piscinas do santuário quando o bispo da minha diocese chegou para fazer a imersão. Depois de se banhar na água, ele saiu da piscina de que eu estava cuidando, e eu o segui. Queria falar sobre minha vocação e aquela era uma oportunidade única. Nós nos sentamos em um banco à beira do Gave, o rio que atravessa Lourdes, e conversamos por quase uma hora, ao fim da qual ele me aconselhou a fazer minha inscrição na universidade e voltar a procurá-lo se meu desejo persistisse. Fiquei muito feliz com a conversa e decidi seguir o conselho.

A universidade ficava em um edifício bastante sombrio e imponente, bem no centro de minha cidade, Liège. Eu ia me inscrever no primeiro ano, mas estava dividido entre medicina e direito, dois cursos muito diferentes, mas que tinham em comum o foco no ser humano e a possibilidade de resolver os problemas que o afligem. Subi a escada monumental que levava ao andar da reitoria, onde as inscrições eram feitas. Na época, elas eram registradas à mão; os computadores não eram como os de hoje, não existia internet e os telefones ainda ficavam presos às paredes. Eu me sinto um dinossauro ao contar isso. Hesitei por um bom tempo no corredor. Direito ou medicina? Tirei cara ou coroa tantas vezes que cheguei a um resultado que não ajudou em nada. Depois de uma hora de espera, com o horário de encerramento se aproximando, percebi que não adiantaria voltar no dia seguinte e tomei uma decisão: eu seguiria o primeiro monitor que aparecesse para chamar um candidato, fosse para direito ou medicina. Havia uma monitora para as inscrições em medicina e um monitor para as inscrições em direito. Eles surgiram à porta ao mesmo tempo. Educadamente, o monitor deixou a monitora passar na frente, e assim eu me inscrevi em medicina.

As aulas e os professores eram fascinantes. Eu descobri o mundo da ciência, embora meus estudos de humanidades greco-latinas não tivessem me preparado para isso. Ao fim do primeiro ano, me encontrei de novo com o bispo de Liège, monsenhor Van Zuylen, e confessei ter abandonado a ideia do sacerdócio. Ele não ficou nem um pouco surpreso. Segundo o bispo, eu não tinha fé de verdade, apenas uma sede intelectual. Ele estava certo, mas ainda levei alguns anos para me dar conta disso. Tornei-me ateu sem ser anticlerical, e ainda tenho alguns amigos padres, até mesmo na Opus Dei, além de padres laicizados. Lamento, aliás, ter perdido a fé: a esperança é algo tão bonito!

Avancei nos estudos em medicina e tornei-me aluno-assistente em anatomia topográfica, ou seja, dissecação. Por quatro anos desempenhei essa função que me proporcionou um conhecimento profundo da anatomia humana, algo que, eu ainda não sabia, seria extremamente útil. Durante esse período, junto com um colega, participei de pesquisas sobre transplantes miocutâneos do músculo grande dorsal para o professor Fissette. Esse colega, que se tornou um brilhante neurocirurgião, havia desenvolvido uma técnica que permitia visualizar os vasos sanguíneos e suas diferentes ramificações, mas para isso era necessário um aparelho de radiografia. O mais próximo ficava no departamento de medicina legal, e foi assim que tive meu primeiro contato com o IML (Instituto Médico Legal). Fiquei intrigado com a técnica de autópsia e perguntei ao professor André se poderia assistir a um procedimento. Ele respondeu que só seria possível se eu fizesse um estágio em medicina legal, uma das opções disponíveis para os estudantes. Então me inscrevi. Quando o estágio terminou, tanto o professor André quanto seu sucessor, o professor Brahy, me ofereceram o cargo de assistente, mas recusei. Eu queria ser médico generalista.

Quando terminei meus estudos, o serviço militar me aguardava. Não havia como escapar, então aceitei essa missão com alegria, acreditando que poderia ser uma bela experiência. Como eu também não dispunha de nenhum artifício legal que me possibilitasse permanecer na Bélgica, fui informado de que me juntaria às forças belgas aquarteladas na Alemanha. Após um mês de treinamento militar em Gand, fui enviado ao 3º Batalhão de Artilharia, em Werl. Fiquei lá por um ano, participei de todas as movimentações e manobras, o que me levou em duas ocasiões a Creta e a voar inúmeras vezes no helicóptero *Alouette II*. O mais interessante, porém, foi poder tratar não apenas dos militares, mas também de suas famílias. De repente, 1500 pessoas se tornaram potenciais pacientes, algo que na esfera civil eu levaria anos para alcançar e ganhar a experiência correspondente. Fui muito feliz no Exército, foi uma fase realmente bonita da minha vida. Confesso que deixá-la para trás foi bastante doloroso.

O retorno à vida civil se mostrou duro e abrupto, algo da noite para o dia. Abri um consultório de clínica geral e, depois de quinze dias, recebi o telefonema que mudaria minha vida. O professor Brahy me convidou para almoçar e conversar sobre o futuro. Nos encontramos alguns dias depois, em 8 de outubro de 1991, num restaurante próximo ao IML, o L'Entrecôte, que achei uma boa escolha ao menos pelo nome. Georges me aguardava imerso no cardápio que já conhecia de cor. Eu não queria largar a medicina geral, então combinamos que eu trabalharia por meio período no setor de medicina legal. Em 9 de outubro, passei a atuar como assistente no departamento.

Durante dois anos, pratiquei a clínica geral e aprendi a medicina legal enquanto cursava uma formação em avaliação de danos corporais. Tornou-se impossível exercer as duas profissões ao mesmo tempo. Ambas exigem disponibilidade total. Além disso, para continuar a formação de médico-legista eu precisaria fazer mestrado em criminologia, etapa obrigatória naquela época, pois ainda não existia um curso específico para a área. Foi uma escolha difícil, mas inevitável, e optei pela medicina legal, que já havia se tornado uma verdadeira paixão. Embora não tenha sido minha primeira opção, acabou sendo a definitiva, e nunca me arrependi disso.

A cena do crime

É impossível ignorar as cenas do crime, pois elas dominam nossas vidas e nossas telas desde os anos 2000. Nossos filhos cresceram assistindo a séries policiais que, de fato, despertaram bastante interesse profissional no campo da criminalística e da medicina legal. Mas, antes de nos aprofundarmos no assunto, é importante explicar como as coisas acontecem "de verdade" e, em seguida, desmistificar algumas ideias fantasiosas que são amplamente difundidas.

Todo mundo conhece a sigla CSI, de Crime Scene Investigation [Investigação de Cena de Crime], uma prática que se desenvolveu amplamente no mundo depois que os vestígios de DNA se tornaram a principal prova em matéria de criminalística. O DNA, dependendo do país, acabou por fomentar a criação de leis para regulamentar o seu uso e a própria cena do crime.

Três princípios regem a criminalística moderna, que tem dois objetivos: identificar o autor de uma infração e a maneira como ele agiu. O primeiro princípio da criminalística é o de Locard. O médico e jurista Edmond Locard (1877-1966) fundou em Lyon, em 1910, o primeiro laboratório de polícia científica do mundo. A sede da Interpol foi estabelecida na mesma cidade em sua homenagem. O pensamento de Locard pode ser resumido em uma frase: "Todo contato deixa uma marca". Esse médico-legista genial, que viveu numa época em que o DNA ainda não havia sido descoberto e as técnicas modernas de investigação não existiam, conseguiu compreender que cada contato de um indivíduo com um objeto ou pessoa ao seu redor deixa um vestígio.

Um único fio de cabelo ou uma simples fibra de tecido deixados pelo autor do crime no corpo da vítima podem ajudar na investigação, mas não vivemos numa série estadunidense em que tudo se resolve graças a meros vestígios. Na realidade, poucos casos são resolvidos assim; soube de apenas três em trinta anos. Com frequência, os elementos detectados em laboratório são úteis para que o caso avance, mas é a investigação que permite identificar o culpado.

A busca por vestígios em uma cena de crime foi o que motivou a especialização dos funcionários do laboratório forense da polícia judiciária. Eles fazem parte da polícia técnica — são os "técnicos de cena de crime" ou, em termos práticos, o "laboratório". São especialmente formados para identificar, coletar e preservar os indícios encontrados em uma cena de crime, que chamamos de "vestígios".

Para coletar o máximo de elementos ou indícios pertinentes, é necessário preservar o local onde os fatos ocorreram. Foi assim que se criou a "cena do crime", tradução do conceito de *crime scene*, que pode induzir ao erro, pois a palavra *crime* em inglês refere-se a qualquer delito, não necessariamente a um homicídio voluntário, como é comum associar. No entanto, o princípio da cena de crime pode ser aplicado a todos os locais onde houve uma infração. Não se trata apenas de cenas de homicídio, mas também de locais onde aconteceram roubos ou mesmo acidentes.

Cada cena de crime tem especificidades, mas todas seguem um esquema comum. O local onde os fatos são cometidos ou, no nosso caso, o local onde está o corpo, é chamado de "zona de exclusão judiciária". Há outros termos para defini-lo, mas esse é o mais utilizado. É o cômodo onde se encontra o corpo, ou uma área de vários metros quadrados se ele estiver ao ar livre. Os técnicos analisam esse local vestidos com o famoso macacão Tyvek, que não solta nem captura nenhuma fibra proveniente da cena do crime. Ele é neutro e cobre o corpo todo, inclusive os cabelos, que perdemos a uma taxa média de cem unidades por dia, cada fio portando o precioso DNA que nos identifica formalmente. Seria o suficiente para poluir o local. Os técnicos também usam luvas para não deixar impressões digitais, uma máscara para evitar a dispersão de saliva, também portadora de DNA, e protetores de calçados para não disseminar nem levar nada nas solas dos sapatos, evitando subtrair algo da cena do crime. Precisam estar o mais neutros possível para não alterar nada. Ninguém pode entrar nessa zona sem autorização do laboratório.

Ao redor dessa área há uma outra, chamada "zona de isolamento", que recebe todos os envolvidos — policiais, magistrados e peritos — antes de entrarem na cena do crime. É uma área protegida onde o magistrado obtém as informações iniciais e decide os primeiros passos da investigação. É ali que ela começa. Ao redor da segunda zona, há uma terceira e última chamada de "zona de dissuasão", onde ficam os parentes da vítima antes de serem atendidos pelos serviços de assistência e investigadores, além de vizinhos, a imprensa e curiosos.

Embora os atores das séries sejam verdadeiros galãs que dirigem carros reluzentes, a realidade é um tanto diferente. Um roubo foi cometido em uma residência, a polícia interveio e constatou que havia muitos estragos e vestígios que corroboravam o crime. Como a proprietária não havia tocado em nada e, portanto, não alterara a cena do crime, o laboratório foi chamado para coletar possíveis vestígios deixados pelos criminosos. Nesse dia, meu amigo Jean-Robert estava de plantão. Ele é um homem sorridente e barbudo de 1,86 metro e 105 quilos. Quando a polícia deixou o local, avisou à proprietária: "Não toque em nada, o laboratório está a caminho". "O laboratório, como no CSI!", disse a proprietária para se consolar, pois ao menos veria seus heróis em ação. Até que Jean-Robert chegou dirigindo o... Renault Kangoo do laboratório. Ele começou a estacionar e a senhora veio correndo: "Não, não, o senhor não pode estacionar aqui, é a vaga do laboratório". Jean-Robert respondeu: "Mas, senhora, eu sou do laboratório!". A mulher, visivelmente desapontada, falou: "Era só o que faltava". Jean-Robert passa bem.

O segundo princípio da criminalística é o de Adolphe Quételet (1796-1874), matemático e estatístico belga cuja ideia pode ser resumida na máxima "Cada objeto é único". Ele tinha certeza absoluta disso numa época em que não se dispunha de meios para verificar em que medida estava certo. Atualmente, as técnicas permitem associar uma arma ao projétil disparado por ela com uma certeza surpreendente, assim como um sapato a uma pegada, um cabelo a seu dono, uma marca de tinta automotiva em um poste ao tipo de veículo que a deixou, uma fibra ao suéter do qual se soltou, uma impressão digital a seu autor etc. Para cada um desses vestígios, existe um perito especializado em decifrá-lo.

O perito judicial não deve ser confundido com o técnico de cena de crime. Ao contrário do que mostram as séries, são dois trabalhos diferentes. Às vezes essas funções podem ser exercidas pela mesma pessoa, mas não é uma regra geral. Existem peritos para tudo: especialistas em fibras sintéticas, em fibras animais, em fibras vegetais, em lâmpadas de farol de carro, em pintura automotiva, em acidentes de trânsito, em incêndios, em informática, em balística, em pegadas, em vestígios de pólvora, em vestígios de terra, em toxicologia, em impressões digitais, em medicina legal etc. Na verdade, qualquer material, mesmo o mais inimaginável, pode ser objeto de uma perícia científica. Já conheci até um perito em guarda-chuvas. Todos esses especialistas formam a "polícia científica", ainda que poucos deles sejam policiais.

A medicina legal, minha especialidade, faz parte da criminalística e participa da busca pelo autor do crime e de seu modo de agir respondendo a duas perguntas: "Do que morreu a vítima?" e "Quando ocorreu a morte?".

O terceiro princípio não foi enunciado por nenhum nome de destaque, mas pode ser resumido da seguinte maneira: "Uma vez perdido, nunca mais encontrado". Um vestígio é algo frágil. Um cabelo e uma fibra de tecido podem voar, uma impressão digital e uma marca de sangue podem se apagar. É para proteger todos esses indícios que existem os técnicos e o conceito de cena do crime.

Então, no que as séries (se) enganam?

Primeiro, no que diz respeito às roupas. Em uma cena de crime cinematográfica, ninguém usa as proteções necessárias para evitar contaminar o local. Na França e na Bélgica, proceder assim seria considerado má conduta profissional. Vale dizer que, na vida real, os macacões usados pelos técnicos parecem sacos, não são nada atraentes e nem um pouco fotogênicos.

Há outros erros evidentes nas séries, uns mais absurdos que outros, principalmente aos olhos dos peritos, entre os quais me incluo. Já vi uma prótese de madeira sangrar, por exemplo, o que a tornaria a primeira prótese de madeira vascularizada do mundo! Em outra série, a forma de uma fratura no crânio correspondia perfeitamente à do objeto usado para dar o golpe, como se ele tivesse criado um molde, o que é impossível. Em uma outra, a evolução da putrefação de um corpo em meio líquido foi "copiada" da seguinte maneira: em vez de um corpo inchado, a pele se desprendia do rosto. Por fim, em outra série uma jovem foi afogada com um balde de champanhe, uma lente de contato foi encontrada dentro dele e o DNA ainda pôde ser extraído. Isso é totalmente improvável devido ao efeito do álcool nas células e no DNA que elas contêm.

E não termina aí. Nas séries, quando um corpo é descoberto, o local está sempre muito limpo, sobretudo quando se trata do quarto da vítima. Ele parece ter sido limpo antes do assassinato para garantir que todos os vestígios encontrados estejam relacionados ao crime. Na realidade, as cenas de crime em que trabalhamos costumam estar num estado de sujeira inimaginável. Você se surpreenderia com a quantidade de pessoas que vivem na imundície! É bom ter a vacina de tétano em dia.

Vinte anos atrás, os peritos das séries podiam fazer de tudo. Isso é menos comum hoje em dia, ainda bem, pois cada perito tem seu campo de especialização. Repetirei isto várias vezes: "Só se faz bem o que se faz com frequência". E, ainda assim, podemos nos enganar.

Na maioria das vezes, as técnicas mostradas nas séries existem de fato, como quando se revela uma impressão digital por vaporização de cianoacrilato numa espécie de aquário de vidro e depois a fotografia é transformada num arquivo digital. É exatamente assim o procedimento com objetos de tamanho médio. Por outro lado, é sempre surpreendente ver nas séries o número impressionante de identificações realizadas com impressões digitais. É como se toda a população fosse fichada, o que em geral não acontece.

Nas séries, todas as investigações são resolvidas por meio de vestígios. Esse fato está tão enraizado no imaginário que júris estadunidenses já se recusaram a reconhecer um culpado porque nenhum vestígio de DNA havia sido encontrado na cena do crime. Sem DNA, sem culpado. O problema é que a realidade não necessariamente corresponde à ficção, e nem sempre são encontrados vestígios nas cenas de crime. Levada ao extremo, essa maneira de pensar nos faria acreditar que sem vestígio não há crime.

As séries também costumam nos apresentar profissionais às voltas com suas emoções (para tornar os personagens mais cativantes, sem dúvida). No entanto, um perito judicial precisa ser neutro, e essa é uma garantia para todas as partes envolvidas. A neutralidade exige o controle das emoções. Não se trata de não sentir nada, mas as emoções não devem prevalecer. Nem sempre é fácil, especialmente em autópsias de crianças!

Em suma, as séries devem ser assistidas pelo que realmente são: entretenimento. Aliás, elas nunca tiveram outra pretensão. Feitas essas observações, convido você a me acompanhar até algumas cenas de crime. Adequadamente trajados, é claro...

Morto-vivo

"Alô, doutor? Gostaria que o senhor fosse ver um corpo. Não há nada suspeito na morte, mas prefiro enviá-lo para ter certeza."

Isso aconteceu numa época em que — pelo menos na região de Liège — o médico-legista era enviado para examinar todas as pessoas que sofreram morte violenta, ou seja, quase todos os casos de assassinato e suicídio, mas também para analisar as pessoas que haviam morrido sozinhas em casa. Esse sistema é eficaz, pois permite descobrir assassinatos que de outra forma passariam despercebidos. Atualmente, o médico-legista só é chamado em casos de mortes suspeitas, ou seja, apenas se houver indícios de intervenção de terceiros, o que significa que alguns assassinatos nunca serão descobertos.

Uma vantagem de ser solicitado pelo procurador é poder estacionar em local proibido, desde que não atrapalhe o trânsito. Os policiais geralmente ficam felizes de nos ver chegar, pondo fim a uma longa espera que não gostam de prolongar desnecessariamente. É verdade que nossos atrasos às vezes são consideráveis — o trânsito é intenso na cidade e nossa intervenção não é urgente como a de uma ambulância. Anos atrás, alguns médicos-legistas solicitaram o uso de um giroflex azul e uma sirene, mas tiveram o pedido negado pelo Ministério dos

Transportes com o argumento de que examinar um morto nunca é uma emergência. Faz sentido, mas isso só aumenta nossos atrasos.

Quando chego à rua onde se encontra um corpo, nunca procuro o número da casa, mas sim a viatura da polícia. Em geral, está parada bem na frente do imóvel. Naquele dia, estacionei diante de um edifício de dez andares. Quando cheguei, me deparei com um policial um tanto estressado, muito nervoso, que me disse: "Suba rápido, ele está vivo". Fiz então um comentário cheio de inteligência e bom senso que pode ser resumido a uma única palavra:

"Hã?"

"Ele está vivo! Estou esperando a ambulância, que já vai chegar. Vá logo!"

Para ir mais rápido, subi pelas escadas. Chegando ao primeiro andar, percebi que não sabia em qual deles devia parar. Não importava, eu sabia que assim que encontrasse uma porta aberta, seria lá. Dito e feito: no segundo andar, num apartamento conjugado, havia um homem no chão, cercado por dois policiais. Cumprimentei a todos e perguntei ao homem, que vamos chamar de Bernard, o que ele estava fazendo ali. Ele explicou que tinha caído e não conseguia se levantar. Comecei a conversar com Bernard, tentando entender por que ele caíra. Perguntei se sentia alguma dor, há quanto tempo estava ali e se aquilo acontecia com frequência. Bernard respondeu que não sentia dor em lugar algum, que era a primeira vez que caía desde que colocara uma prótese total de quadril, mas que não sabia há quanto tempo estava deitado ali. Concluí que ele havia deslocado a prótese de quadril, o que o fez perder o equilíbrio e cair.

Caminhei sobre a correspondência espalhada pelo chão, que indicava que já fazia dois dias que não era recolhida. Ao passar os olhos pela sala, não pude deixar de notar outros "cadáveres" espalhados pelo chão, evidenciando que Bernard era um fervoroso consumidor de uma famosa marca de cerveja barata.

Enquanto eu fazia essas constatações, os serviços de emergência chegaram e ficaram surpresos de me ver no local. Em geral, eles chegam antes de mim. Compartilhei minhas constatações e ressaltei que

Bernard devia estar ali fazia, no máximo, dois dias. Essa informação era importante porque seria necessário considerar a possibilidade de hipotermia, já que a temperatura corporal dele certamente havia caído por estar deitado num chão frio de azulejos, além do risco adicional que corria de desenvolver síndrome do esmagamento. A síndrome do esmagamento é uma patologia que ocorre quando os tecidos cutâneos, entre outros, não recebem oxigênio pela falta de circulação do sangue. Isso pode acontecer quando se permanece no chão, na mesma posição, por várias horas, que era o caso de Bernard.

Os serviços de emergência o levaram, e minha missão terminou antes mesmo de começar. Para registro, Bernard ainda viveu por muitos anos. Depois que ele foi levado, pedi aos policiais que me explicassem o que havia acontecido. Eles tinham sido chamados para verificar "uma pessoa que não atendia ligações", terminologia clássica para casos em que a falta de resposta de alguém gera preocupação, especialmente se esse alguém mora sozinho, também o caso de Bernard. Durante a ocorrência policial, os agentes arrombaram a porta e o encontraram desacordado. Eles o chamaram, mas o homem não respondeu. Depois, notaram a presença de larvas de insetos perto do corpo, para eles, um sinal de que a putrefação havia começado — uma observação perfeitamente lógica. Então notificaram o procurador substituto, que requisitou minha presença e me enviou ao local.

Enquanto me aguardavam, haviam tentado identificar Bernard oficialmente, algo indispensável. Para isso, procuraram os documentos de identidade, que, infelizmente, não estavam à vista, e como Bernard usava terno com um colete, intuíram que a carteira devia estar no bolso interno, como costuma acontecer com quem usa colete. Bernard estava deitado de bruços, então um dos policiais, o mais ousado, passou a mão entre o chão e o corpo. Ele deslizou os dedos até o bolso interno do colete, encontrou a carteira e começou a retirá-la. Foi nesse momento que o "morto" agarrou seu braço. Imagine a surpresa e o susto do policial! Poderia ter tido um infarto se seu coração não estivesse saudável. O raciocínio dos policiais estava correto, havia mesmo larvas de mosca. Mas, se Bernard não estava morto, não havia putrefação. Como explicar então a presença das larvas? Existem, na verdade, duas outras situações em que larvas de mosca podem aparecer.

Mas comecemos do início. Os insetos, em particular as moscas, podem ser atraídos pelo cheiro que o cadáver exala. Para cada estágio de putrefação há um cheiro específico e diferentes insetos são atraídos até o cadáver. Eles são chamados de "necrófagos" ou "necrófilos", caso apareçam para se alimentar do cadáver ou comer os insetos necrófagos. Juntos, formam a entomofauna ou fauna de insetos do cadáver, e a disciplina que os estuda é a entomologia médico-legal ou entomologia forense.

Eles surgem no cadáver já nas primeiras horas após a morte, o que significa que, mesmo que não percebamos, o cadáver logo começa a exalar odores que atraem insetos. As primeiras a chegar ao corpo, como imaginado, são as moscas — verdes, azuis ou pretas. Elas têm nomes científicos variados como: *Musca domestica*, a mosca preta; *Lucilia sericata*, a mosca verde; a bem nomeada mosca azul *Calliphora vomitoria*; e *Calliphora vicina*, a mosca azul da carne. Às vezes elas vêm de longe, percorrendo dezenas de quilômetros, atraídas pelo cheiro que escapa de uma janela entreaberta. Apesar do nojo que despertam, as moscas nos permitem datar o momento do óbito com uma precisão de ourives, como veremos em outro capítulo.

As primeiras moscas são atraídas pela degradação amoniacal que afeta os tecidos. Bernard havia urinado em si mesmo, e as moscas, atraídas pelo cheiro, depositaram ovos em seu corpo. Foi isso que levou os policiais a acreditarem que ele estava morto e já em decomposição.

As moscas têm mais de uma utilidade: algumas são comestíveis e muito ricas em proteínas, outras são excelentes limpadoras de feridas. Suas larvas focam exclusivamente os tecidos mortos, necrosados, e os consomem. Dessa forma, limpam a ferida mesmo quando está infectada.

Foi o que pude constatar num belo dia de verão. Fui chamado para o caso muito particular de um senhor que continuava convivendo com a esposa de 82 anos que havia morrido na cama. Todas as noites, ele se juntava a ela e dormia a seu lado. Quando os policiais a descobriram, pensaram que estava morta, assim como o médico que chamaram para constatar o óbito. Fui acionado pelo magistrado devido às circunstâncias peculiares desse caso. Durante o exame, logo entendi que aquela senhora não estava morta, pois não apresentava nenhum dos sinais habituais de óbito. Então chamei o serviço de emergência, que chegou rapidamente ao local. Avaliamos a situação em conjunto e constatamos que, se a movêssemos, ela poderia morrer. Seu nível de consciência era muito baixo, estava completamente desidratada, sentia dores e fazia caretas quando encostávamos nela.

As moscas tinham depositado ovos (que haviam se tornado larvas) nos lugares úmidos do corpo, ou seja, nos pontos em que a pele estava em contato com os lençóis e o suor se espalhava, mas também nos locais em que a urina se acumulara, pois, desprovida de cuidados e sem capacidade de sair da cama, a senhora urinara em si mesma. Tinha sido a presença das larvas que convencera a polícia e o médico de que ela estava morta. Era difícil precisar há quanto tempo durava a situação, mas devia fazer pelo menos uma semana, dado o tamanho das larvas.

Ao limpar as escaras formadas pela maceração da pele nas costas, resultante da atrição (uma carência de oxigênio nas células cutâneas que leva à necrose) causada pela imobilidade da paciente e pela presença de líquido, notamos que a necrose dos tecidos cutâneos havia progredido, tornando-se um banquete para as larvas que se alimentavam dela. Eu a levantei para verificar o estado de suas costas e fiquei particularmente surpreso ao constatar que a necrose havia avançado tanto que, em alguns pontos, a pele desaparecera por completo, deixando à mostra a caixa torácica.

Quando a ergui, com muita delicadeza, ela emitiu gemidos de dor bem compreensíveis e que provavam que ainda mantinha certo nível de consciência. O serviço de emergência a sedou e a levou ao hospital, onde a senhora faleceu pouco depois, sem ter recobrado os sentidos.

O marido, por sua vez, foi levado para uma casa de repouso, onde recuperou as forças, mas não conseguia se lembrar do período da morte da esposa, estando ele próprio muito desidratado. Esse quadro o levou a um estado semelhante à demência.

"Alô, doutor? O senhor poderia ir examinar uma morta? O senhor vai ver, é um caso especial." O substituto estava com pressa, visivelmente sobrecarregado, pois não teve tempo de me explicar o que era tão especial. No local, vi que os ornamentos fúnebres que enfeitam as fachadas das casas dos falecidos já haviam sido instalados pela funerária, o que me surpreendeu. Eu pensava em como deviam ser rápidos naquela região quando um policial veio a meu encontro e me explicou o que havia acontecido. Era uma história inimaginável a tal ponto que eu não teria acreditado se não a tivesse vivido.

Lucette havia morrido de causas naturais aos 85 anos, uma "boa morte", como se diz, o que sempre me faz rir, pois não acredito que exista uma boa morte. O médico constatou o óbito e fez as anotações no atestado. A família chamou a funerária, que preparou, lavou, vestiu e acomodou o corpo em um caixão colocado sobre uma mesa da casa de Lucette. As visitas chegaram para o velório no mesmo dia. Jeannine, vizinha e amiga de longa data da falecida, desde o ensino fundamental, foi prestar uma última homenagem. Quando Jeannine estava diante do caixão, Lucette se levantou de repente e disse: "Ah, Jeannine, que gentileza sua ter vindo me ver!". Jeannine foi ao chão, morta por um ataque cardíaco fulminante.

Lucette tivera uma longa crise de catalepsia, confundida com óbito tanto pelo médico quanto pelos funcionários da funerária.

Esse tipo de história nos lembra do medo que algumas pessoas têm de ser enterradas vivas, medo que atingiu seu auge na Inglaterra vitoriana (1837-1901).

Para atenuar esse receio, e também por interesses comerciais, alguns fabricantes demonstraram muita criatividade ao construir caixões que podiam ser abertos por dentro ou equipados do lado de fora com um sino que poderia ser acionado por uma corda do lado interno. Os cemitérios deviam ser divertidos quando o vento fazia os sinos soarem por toda parte.

Há muitas histórias em torno desse tema. Quem nunca ouviu falar de exumações em que se constatou que os cabelos e a barba do morto haviam crescido, ou que o morto se virara no caixão ou arranhara seu interior com as unhas? Nem tudo é mentira. Na morte, de fato, nem todas as células morrem ao mesmo tempo. As células cutâneas que produzem barba e cabelos continuam ativas, fazendo com que cresçam alguns milímetros. Embora esse crescimento seja invisível nos cabelos (exceto em quem raspava a cabeça), ele é perfeitamente perceptível na barba de um homem que tinha o hábito de se manter barbeado.

Um morto que se vira no caixão pode parecer algo surpreendente, mas, sem dúvida, é apenas uma distorção do fato de que, com frequência, a posição do corpo já fora alterada no momento do sepultamento, sobretudo devido ao transporte. Quando eu era jovem, auxiliava a missa na paróquia de Cointe. Podia acontecer, quando um enterro ocorria na cripta, que a funerária tivesse que virar o caixão de lado para passá-lo pelas portas estreitas. Quanto aos caixões com o interior arranhado, nunca vi nenhum, e pode muito bem ser uma lenda urbana.

Mas não se preocupe: uma pessoa enterrada viva não resistiria por mais de quinze minutos. Nosso organismo precisa de oxigênio atmosférico (O_2) para sobreviver. Em ambientes fechados como um caixão enterrado a pelo menos um metro e meio abaixo da terra, o ar não consegue circular e se renovar. A morte ocorre por carbonarcose, ou seja, o nível de CO_2 (dióxido de carbono) que o organismo produz pelo consumo de O_2 começa a nos entorpecer até que ocorra uma parada cardíaca. Em suma: o tempo de sobrevivência é equivalente ao tempo que levamos para sair do cemitério e cumprimentar aqueles que vieram prestar uma última homenagem ao falecido.

Na Irlanda, em 12 de outubro de 2019, fazia frio no pequeno cemitério local, apesar de o dia estar ensolarado. O caixão de Shay repousava no fundo da cova quando todos ouviram sua voz: "Me tira daqui!". Depois de um momento de espanto, todos começaram a rir: Shay, que sempre tinha sido um bon vivant, fizera sua última pegadinha.

A cena foi filmada e você pode encontrá-la com facilidade na internet ao pesquisar o nome Shay Bradley. "É preciso sorrir para a morte antes que ela sorria para nós." Shay sorriu mesmo depois que a morte o levou, uma bela performance!

Assassina, ou quase

Philippe era o feliz pai de uma linda jovem chamada Marie. Ele não tinha mais filhos e se separara da esposa havia muitos anos. Desde então, morava sozinho em seu apartamento, a não ser quando Marie se juntava a ele, a cada duas semanas, conforme o acordo da guarda. Embora Marie já fosse maior de idade e não precisasse mais manter o que fora estabelecido pelo juiz, ela continuava a seguir essa rotina por hábito.

Marie tinha vinte anos e os rapazes se interessavam muito por ela, mas a jovem conhecia todos os truques para afastá-los e desencorajá-los. Apenas um deles conseguira se aproximar o bastante para se tornar seu namorado. A relação não durou muito, embora Max fosse gentil, atencioso, cuidadoso, nada opressor e o pai de Marie tivesse ficado feliz quando ela o apresentara. Ele até mesmo abrira um vinho especial para comemorar.

É preciso dizer que Philippe temia pela filha. Ele detestava homossexuais. "Bando de degenerados que praticam atos contra a natureza", dizia. "A prova de que isso não é natural é que não existem homossexuais entre os animais... Esses doentes, esses pervertidos, precisam ser tratados." Enfim, o pai sempre vinha com a conhecida ladainha do homofóbico de carteirinha, algo que não pretendo reproduzir aqui além do necessário. Só que Marie sabia que preferia mulheres. Ainda que tivesse se reprimido, ela sentia isso havia muito tempo, e teve de se render às evidências: era homossexual. E sua primeira relação confirmou tudo da maneira mais clara possível.

Marie apresentou Amélie ao pai como uma amiga. A título de boas-vindas, Philippe logo deu início à sua diatribe habitual: "Ah, é claro que você não é sapatão, ainda bem, porque minha filha nunca me apresenta rapazes, então fico preocupado quando ela traz uma garota para casa", e continuou com as atrocidades de sempre.

O tempo passou, a relação entre Marie e Amélie evoluiu, elas se apaixonaram e isso ficou evidente a ponto de Philippe perceber. Uma violenta discussão aconteceu entre a filha e o pai, que agrediu as duas jovens. Isso foi demais para Marie, que sentiu que o pai estava destruindo sua vida e decidiu acabar com a dele. Sem dizer nada a Amélie, Marie voltou uma noite ao apartamento do pai. Estava tudo escuro, e ele provavelmente dormia. Com discrição e sem fazer barulho, ela entrou, desativou o alarme e foi direto para o cômodo onde, em uma gaveta, ficava a arma do pai.

Philippe lhe mostrara aquela arma muitas vezes. Serviria para se defender dos "árabes", se atacassem a ele ou à filha ou se tentassem entrar na casa. Enquanto esse dia não chegava, Philippe limpava regularmente a pistola 9 mm sempre que voltava do clube de tiro. Ele não era um mau atirador... e a filha tampouco. Marie costumava acompanhar Philippe, atirava, conhecia as regras de manuseio de uma arma de fogo, o que enchia o pai de orgulho, e ele a cobria com o discurso de que "é preciso saber se defender na vida, todo mundo deveria ter uma arma".

A arma estava lá, à espera de suas vítimas. Marie sabia disso. Ela pegou a pistola, a "carregou" (isto é, deixou-a pronta para disparar, puxando o cano da arma para trás), entrou silenciosamente no quarto, vislumbrou na penumbra um volume na cama e esvaziou o carregador no corpo do pai. Treze tiros. Marie deixou a arma sem munição em cima da cama e fugiu.

Na manhã seguinte, recebi um telefonema do promotor substituto: "Alô, doutor? Poderia ir examinar um homem morto a tiros? A faxineira o encontrou esta manhã". Quando cheguei ao local, o laboratório já terminara seu trabalho e aguardava o juiz de instrução. Enquanto esperávamos, entrei na casa para fazer minhas primeiras constatações.

Faz trinta anos que sempre ajo da mesma maneira. Deixo minha mochila na entrada, em um ambiente inócuo, ao lado das do pessoal do laboratório, depois coloco as mãos no bolso para evitar deixar impressões digitais e faço um tour pelo local. Procuro elementos que possam me informar sobre o estado de saúde do morto, alguma mensagem que possa ter deixado, vestígios diversos como manchas de sangue etc. Examino o cômodo em que ele foi encontrado em busca de qualquer coisa que possa ser interessante, depois verifico a temperatura do ambiente, observo se o aquecimento está ligado, se há uma janela aberta, em suma, constato as condições térmicas em que o corpo se encontra, pois são fundamentais para estimar o momento da morte.

Somente então me aproximo do corpo, olho para ele e o examino do jeito que está, sem tocar em nada. Anoto tudo: a posição, se está coberto e até onde, com que tipo de coberta, lençol ou edredom, de que qualidade, quantas camadas, se há vestígios nos lençóis. O corpo de Philippe estava em decúbito lateral esquerdo. São as palavras que utilizamos para dizer que ele estava deitado sobre o lado esquerdo, em posição fetal, a mais comum para dormir. Seu rosto estava voltado para a porta do quarto. Estava coberto até o pescoço por um lençol e uma coberta pouco espessa. Retirei a coberta e o lençol, revelando o corpo, vestido com um pijama de tecido sintético.

"O que acha, doutor?" Era a juíza de instrução, uma das primeiras nomeadas em Liège, que entrara no cômodo sem que eu percebesse. "Ele está morto." Fiz uma pausa, porque adoro fazer isso, dar uma resposta que surpreenda, um pouco fora de contexto, mas essa juíza me conhecia havia muito tempo e estava habituada ao meu jogo. Portanto, ela esperou, sorrindo. Então acrescentei: "É tudo o que posso dizer, ainda não o examinei, mas vejo marcas de projéteis que me fazem supor que uma arma de fogo foi usada".

Em seguida, tirei a temperatura do corpo para estimar o momento da morte enquanto a juíza pedia que chamassem o perito em balística, Édouard Tombeur.

Édouard Tombeur foi o segundo perito em balística que conheci, sucessor do inspetor sênior de polícia Jean Jamar, já aposentado. Édouard se aposentara da Fabrique Nationale (FN), onde trabalhou como representante comercial, o que o levou a viajar o mundo vendendo as armas da maior fábrica belga do ramo, localizada em Herstal, perto de Liège, e que tinha como foco a América Latina, região favorável à compra de armas. Por esse motivo, ele se viu na Nicarágua sob a ditadura da família Somoza, com quem mantinha relações comerciais proveitosas, até o dia em que as tropas sandinistas derrubaram Anastasio Somoza, em 19 de julho de 1979, e teve que fugir do país em plena guerrilha. Foi também num país da América Latina que foi atingido por uma rajada de metralhadora nas pernas. Ele se recuperou, mas ainda sentia dores com a mudança de tempo, uma sequela mínima para um acidente que poderia ter lhe custado a vida. Édouard tinha uma vida muito rica e era sempre um prazer ouvi-lo contar suas histórias durante as inesquecíveis refeições ao fim de nossas investigações.

Segundo meus cálculos, que eram apenas uma primeira aproximação, a morte ocorrera por volta das onze horas da noite, o que representava um problema, pois o dispositivo do alarme mostrava que tinha sido desligado às 2h30. Eu precisava do peso do corpo para avançar em minha avaliação, mas só o pesaríamos na sala de autópsia. De fato, realizaríamos uma autópsia, já que era evidente que houvera a participação de outra pessoa, alguém capaz de desligar o alarme.

A faxineira, aliás, ficou surpresa de encontrar o alarme desligado ao chegar, porque Philippe era tão sistemático que nunca se esquecia de ligá-lo. Segundo ela, apenas uma pessoa além de Philippe sabia o código: Marie. E Marie estava desaparecida...

Por volta das onze da manhã, na sala de autópsia, após ter pesado o corpo, comecei a trabalhar. Uma autópsia sempre é realizada de maneira completa e sistemática, seguindo o mesmo protocolo. O corpo inteiro é autopsiado, ainda que, por exemplo, a única lesão visível seja a marca da passagem de um projétil pelo crânio. Alguns prefeririam, em nome de um suposto respeito pelo corpo, já que a causa da morte era visivelmente a passagem transcraniana do projétil, que a autópsia se limitasse ao exame do segmento craniano. No entanto, o direito penal exige um nível muito alto de certeza para sua aplicação.

Conheci pessoalmente, graças a meu trabalho, quatro pessoas que continuaram vivas depois de um projétil atravessar seus crânios, entre elas o general de um Exército da Europa Central. Ele teve o crânio atravessado do osso frontal ao occipital, exatamente entre os dois hemisférios cerebrais, perdendo o osso occipital da calota craniana. Uma membrana de borracha foi colocada em seu lugar. Ele sofria de crises epilépticas e, dada a ausência de material ósseo resistente, precisava usar um capacete praticamente o tempo todo para evitar traumatismos cranianos, que poderiam ser fatais. Ele estava vivo porque não necessariamente se morre disso, mesmo quando o projétil é um tiro de guerra. Isso significa que existem exceções. Cabia a mim determinar pela autópsia se estávamos no contexto de uma exceção ou não.

A autópsia, de fato, serve para constatar não apenas a causa da morte, mas também a ausência de qualquer outra causa. No caso de Philippe, era preciso demonstrar se a passagem do projétil pelo crânio era o único fator possível de morte. Por que não escrevi "era preciso demonstrar que" em vez de "era preciso demonstrar se"? Teria sido mais claro e correto. Escrevi "se" porque o médico-legista, como perito judicial, deve ser neutro, e essa neutralidade deve se expressar também em sua abordagem autóptica. Ele não deve partir de ideias preconcebidas, precisa estar pronto para receber evidências e indícios com a mente aberta a qualquer interpretação, desde que racional.

A abordagem autóptica deve necessariamente ser indutiva, ou seja, é preciso primeiro reunir todas as evidências e indícios encontrados no corpo antes de fazer um diagnóstico da morte. Essa abordagem se opõe à abordagem dedutiva, que consiste em partir de hipóteses e verificar se elas se aplicam, o que constitui a melhor maneira de não perceber a verdadeira causa da morte. É para evitar o viés do pensamento dedutivo que sempre realizamos autópsias em dupla, de forma a permitir o confronto de ideias. Quando faço uma autópsia com um de meus assistentes, não se trata de um professor orientando um aluno, mas de dois médicos-legistas fazendo seu trabalho com a mesma qualidade, em paridade de ideias.

Além disso, o respeito devido ao morto não está em deixá-lo intacto — ideia que remonta à Idade Média, época em que a Igreja não queria nem ouvir falar em autópsias porque, com a descoberta da anatomia humana, surgiria a questão de "como isso funciona". A porta da fisiologia seria aberta e haveria questionamentos sobre a alma, que comandava o corpo, sua localização e sua própria existência — e foi exatamente o que aconteceu, mas essa é outra história! O respeito devido ao morto consiste, acima de tudo, em fazer todo o possível para lhe conceder justiça, e a autópsia é um elemento determinante para isso.

Marie aprendera muito bem com o pai: todas as balas tinham atingido o corpo, algumas até o atravessaram. Ele teria ficado orgulhoso de sua capacidade de atirar em uma situação de estresse e no escuro. Mesmo a curta distância, continuava sendo uma façanha.

Já no exame dos primeiros orifícios, nas costas, percebi que havia um problema. Todos tinham um aspecto post mortem, ou seja, pareciam ter sido criados depois da morte. Distinguimos as lesões entre "vitais", produzidas enquanto a vítima está viva, e post mortem, produzidas quando a vítima já está morta, ou ainda "agônicas", produzidas enquanto a vítima está morrendo. Conseguimos determiná-las por seu aspecto.

Depois da morte, não há mais sangue nas artérias nem nos capilares, apenas nas veias. Isso é sabido desde Galeno (129-201), pai da medicina junto com Hipócrates (460-377 a.C.), que foi um precursor desse campo do saber. Galeno analisou cadáveres e observou que não havia sangue nas artérias, mas sim nas veias (os capilares ainda não eram conhecidos). Durante séculos, com base nessa observação, pensava-se que o sangue circulava nas veias e o ar nas artérias, e que o intercâmbio entre as artérias e as veias ocorria no coração, através dos poros da parede cardíaca que separa as partes esquerda e direita do órgão. Atualmente, sabemos que Galeno descobriu apenas a distribuição do sangue post mortem.

Quando temos uma lesão cutânea, mesmo superficial, o sangue escorre devido aos capilares impactados pela ferida. Ao cortarmos a pele de um morto, o sangue não escorre porque os capilares estão vazios. É isso que faz a diferença, e que diferença!

Fiquei intrigado. Todas as lesões dorsais tinham um aspecto post mortem, o que não era normal. Ansioso, virei o corpo para verificar o aspecto dos outros orifícios. Ao abrir a caixa torácica, pude constatar que um projétil atravessara o coração por completo, mas que pouco sangue escorrera. Ao examinar os orifícios anteriores, rapidamente percebi que também tinham sido produzidos post mortem. Precisava me empenhar para encontrar outra potencial causa de morte. Ao abrir a caixa craniana, consegui.

Primeiro retirei o osso craniano com uma serra de gesso, depois abri a dura-máter, camada que envolve o cérebro e a mais externa e resistente das meninges. Foi nesse espaço entre a dura-máter e o cérebro que descobri uma hemorragia subdural (sob a dura-máter) de grande magnitude, cuja origem era um aneurisma rompido no polígono de Willis, verdadeiro ponto de encontro de todos os vasos que irrigam o cérebro e de onde é distribuído o sangue para suas diferentes partes. Essa área é bem conhecida por ser a origem de aneurismas particularmente perigosos, que em geral costumam causar a morte da vítima ao se romperem. A hemorragia causa uma pressão excessiva no cérebro e, como a caixa craniana não é extensível, o cérebro se projeta no buraco occipital, que fica na base do crânio e pelo qual o cérebro se prolonga pela medula espinhal. Quando o cérebro é empurrado pela pressão excessiva causada pela hemorragia, ele é comprimido em torno desse buraco. Algumas áreas do cérebro são então esmagadas, o sangue deixa de circular por elas e os neurônios que as constituem morrem.

O problema é que nesse local estão situados dois "centros", aglomerados celulares particularmente importantes para a nossa sobrevivência: um que determina a atividade cardíaca e outro que determina a atividade respiratória. Quando as células desses centros são comprimidas, elas não recebem mais sangue e, portanto, oxigênio, por isso morrem e a respiração e o coração param, levando ao óbito. Esse processo é chamado de herniação cerebral.

Ao que tudo indicava, isso havia acontecido com Philippe. Ele sofrera uma hemorragia no crânio devido à ruptura de um aneurisma durante o sono, dada a posição em que foi encontrado. Não percebeu o que estava acontecendo e morreu dormindo, sem a menor possibilidade de saber que estava morrendo.

Como costumo dizer, com um toque de humor: "Ele não sabe que está morto". É uma frase desprovida de sentido racional, mas eloquente para quem ouve — em geral, a família do falecido. Racionalmente, essa frase não faz sentido pois um morto não sabe nem conhece mais nada, seu cérebro está destruído, assim como a consciência, que é o resultado de sua atividade. Mas, para quem a ouve, significa que o falecido não teve a consciência da morte e, portanto, não sofreu.

E essa foi a solução para a discrepância de horário entre o momento da morte, que estimei por volta das onze horas da noite, e o desligamento do alarme, às 2h30. Quando Marie atirou no pai, ele já estava morto havia mais de três horas.

Restava um problema: se Philippe já estava morto quando Marie atirou, ela não o matou. Portanto, não podia ser condenada nem denunciada por homicídio, e pouco importava que certamente o teria matado se estivesse vivo, visto que uma bala atravessara o coração por completo. Ela não era uma assassina, ainda que tenha tido a intenção de matar e tenha usado um meio perfeitamente adequado para isso.

Marie teve muita sorte, esperamos que saiba aproveitá-la.

Alô, papai?

O trabalho diário do médico-legista consiste, obviamente, em identificar a causa da morte, verificar se ela se deve à intervenção de terceiros e determinar a hora do óbito, mas também identificar a pessoa examinada. Nesse último objetivo, somos ajudados pela polícia e por diversos elementos, como a carteira de identidade, o endereço do falecido, entre outros. Embora na maioria das vezes a identificação não seja um problema, há alguns casos em que ela é problemática e notória.

Por exemplo, por mais de três anos mantive no frigorífico do departamento o corpo de uma pessoa que morreu afogada e nunca foi identificada. Eu havia registrado todos os elementos necessários e realizado todas as coletas úteis para a identificação. Em última instância, o Ministério Público acabou por autorizar seu enterro como indigente, ou seja, como uma pessoa desconhecida.

Jacques estava na casa em que morava apenas com a filha Maureen, após o falecimento da esposa, Françoise. Ela morreu de uma "longa e dolorosa doença", eufemismo amplamente utilizado para a palavra "câncer", enfermidade que a corroía havia mais de uma década. Vê-la partir tinha sido um verdadeiro alívio, especialmente por causa do sofrimento dos últimos tempos.

O nascimento de Maureen foi tardio; na verdade, um acidente de percurso. Eles haviam tentado ter filhos muitas vezes, sem sucesso, pois infelizmente Françoise sofria repetidos abortos espontâneos, para os quais os médicos nunca encontraram solução. O casal viveu seu luto. No entanto, com a chegada da menopausa, eles tiveram Maureen, um presente dos céus — um pouco após o esperado, mas recebido com felicidade.

Françoise morreu no início do verão, no começo das férias escolares. Após o enterro, Maureen sentiu que precisava mudar de ares, viajar por um tempo sem saber exatamente para onde, "ao acaso", como ela dissera ao pai enquanto arrumava a mochila. Maureen era uma jovem aventureira, que não tinha medo de nada, nem de ser assediada. Adepta da prática de pedir carona, àquela época ela já percorrera toda a França e a Itália dessa maneira, sozinha ou acompanhada por uma amiga de longa data, Sandra. Sandra não poderia acompanhá-la dessa vez, mas pouco importava, Maureen viajaria sozinha, precisava disso.

Maureen tinha dezessete anos, era madura para a idade e bem resolvida com o próprio corpo. Pequena (não chegava a 1,58 metro), tinha o peso de uma pluma (fazia de tudo para mantê-lo assim) e os cabelos compridos, cacheados e castanho-claros, que nunca prendia. O rosto bonito era marcado pelos olhos azuis muito expressivos. Estava no ensino médio e desejava se tornar médica.

A garota viajou e, após uma primeira ligação, ficou três semanas sem dar notícias ao pai, o que o preocupava, já que ela nunca passava tanto tempo sem se comunicar. Maureen não era uma entusiasta das redes sociais, onde muitos jovens postavam tudo o que faziam nas férias, inclusive o que comiam; ela preferia a discrição, sobretudo depois que uma de suas amigas fora assediada nas redes e tentara se suicidar aos catorze anos. Como todas as amigas, Maureen ficou abalada, e isso a convenceu a parar de interagir nas redes. Ela tinha um celular que usava pouco, mais para ligações. Jacques se perguntava, aliás, por que pagava um plano mensal para a filha já que ela nunca atendia quando ele ligava. Essa observação, muito comum entre pais de adolescentes, é ainda mais surpreendente porque os filhos passam o dia todo com os olhos grudados no celular. Eles devem ter visão seletiva, já que a resposta é sempre a mesma: "Não vi".

Maureen havia telefonado alguns dias depois de viajar, e contara que estava na região de Lyon. Ela ainda não sabia quando voltaria e tinha conhecido alguns jovens com quem passaria os dias seguintes.

Jacques estava aflito, e sua inquietação aumentava dia após dia. Ele tentava ligar para a filha, mas o telefone nem tocava mais, caía diretamente na caixa postal, que ele inundava de mensagens várias vezes ao dia. Jacques foi então à polícia para registrar o desaparecimento de Maureen. Ele foi recebido pelo policial de plantão.

"Ela fugiu, senhor?"

"Fugiu? Não, não, ela foi viajar pela França, mas não tenho notícias suas há mais de duas semanas."

"Ah, os jovens de hoje... Meu filho, por exemplo..."

O policial se lançou numa história sem fim que não acalmou Jacques, que só queria que a filha fosse encontrada.

"Pronto, um alerta será dado. Eu o coloquei no BCS. Avisaremos assim que tivermos novidades. Tenha um bom dia, senhor."

E com essas palavras Jacques foi dispensado. Ele não sabia o que era BCS, mas torcia para que agisse com rapidez, ainda que, dada a postura e a atitude do policial, Jacques achasse mais provável que fosse um tiro no escuro. BCS significa "Boletim Central de Sinalização", um sistema digital da polícia que permite a difusão de mensagens pela Bélgica. O alerta sobre o desaparecimento de Maureen foi enviado e não tardaria a trazer resultados.

Certa manhã, Jacques estava em casa se preparando para sair e fazer compras. Mehdi, por sua vez, acabara de chegar ao posto policial para começar seu turno. Ele estava sendo aguardado pelos colegas, pois era sempre o escolhido para uma missão que todos detestavam: dar más notícias. Seus colegas diziam que "ele fazia isso muito bem". Mehdi não era da mesma opinião, mas tinha sido o último a chegar, era o caçula da equipe, o novato, e por isso ficava designado para as tarefas desagradáveis. Naquele dia, a tarefa era informar a um pai que acabara de perder a esposa que sua filha também havia morrido. Mehdi ficou feliz de ter passado um excelente fim de semana, pois poderia usar aquela energia para começar o dia difícil.

A campainha tocou, Jacques estava pronto para sair, com a lista de compras na mão. Mehdi estava à porta, de uniforme, acompanhado de um jovem estagiário da polícia.

"Bom dia, senhor, estou procurando pelo sr. Jacques."

"Sou eu mesmo."

Estranhamente, Jacques não pensou que os policiais estivessem ali por causa da filha, e se perguntou o que poderia ter feito de errado para que a polícia aparecesse à sua porta. Uma multa que esquecera de pagar, o carro estacionado em local proibido? Seus pensamentos focaram em infrações de trânsito, porque com todas aquelas regras era possível cometer erros sem nem perceber.

"Podemos entrar?"

"Eu estava de saída, mas entrem, por favor. Gostariam de uma xícara de café?"

"É muita gentileza, mas não precisa, senhor. Temos uma má notícia para lhe dar. O senhor não quer se sentar?"

Jacques se sentou. Ele estava longe de imaginar que os policiais foram ali para anunciar a morte de sua filha, na França. O anúncio foi brutal, mas não existe uma boa maneira de dar uma notícia como essa, algumas são apenas menos ruins que outras, e os policiais cumpriram sua missão com toda a delicadeza de que eram capazes. Jacques, porém, ainda não chegara ao fim de seu calvário.

Ele não conseguia acreditar, era como se estivesse em um pesadelo. De repente, em poucos segundos, sua vida desmoronara. Nunca mais seria a mesma, ele percebia, e mesmo já tendo sido tão duramente testado, não fora poupado. Não era justo, ele nunca fizera nada de ruim a ninguém. Mas a vida não é justa, nunca foi. Nós gostaríamos que ela fosse, que fôssemos recompensados por nossas boas ações e punidos pelas más, mas isso não faz sentido para a natureza. Completamente atordoado, Jacques perguntou o que havia acontecido. Mehdi respondeu que a jovem fora assassinada.

"Maureen, assassinada? É impossível, ela era tão gentil. Por quê? Por quem?"

Mehdi não sabia o motivo, a polícia ainda não havia conseguido encontrar o autor do crime.

"Como?", perguntou Jacques. Ele não sentia medo da resposta, de tão irreal que parecia a situação que estava vivendo.

"Ela foi estrangulada", respondeu Mehdi.

Um pensamento atravessou a mente de Jacques:

"Ela foi estuprada?", perguntou, mas Mehdi não sabia a resposta. "Onde ela está?"

Jacques queria ver o corpo da filha. Mehdi disse que ele seria entregue à família, mas que Jacques não poderia vê-lo devido ao estado de decomposição. Isso foi demais para ele, um pai que descobria de uma só vez que a filha estava morta, que fora assassinada e que tudo acontecera havia algum tempo. Jacques foi informado de que ela morrera fazia dez dias, e pensou que deveria ter ligado antes, que deveria ter insistido mais, sido mais perseverante ao tentar contatá-la. Mas o que teria mudado? Provavelmente a filha teria morrido de qualquer maneira.

"Quando poderei vê-la?"

"O caixão, o senhor quer dizer?", perguntou Mehdi, para ter certeza de que a informação tinha sido entendida. "Hoje à tarde, quando vier de Tournai."

"De Tournai? Mas ela estava na França, não na Bélgica."

"É tudo o que posso lhe dizer, senhor. Não sei de mais nada, não fui eu quem descobriu o corpo", respondeu Mehdi.

Na funerária, Jacques escolheu um caixão, o mesmo modelo que escolhera para Françoise, sua esposa. Maureen seria enterrada ao lado da mãe. O lugar estava reservado para ele, mas ele o cederia à filha. Muitas pessoas foram ao funeral. Maureen era uma jovem bastante querida por sua alegria e vivacidade. Os discursos durante a missa, na igreja lotada, a enalteceram com grande emoção.

Depois do cemitério, as pessoas se reuniram no salão paroquial. No final da tarde, Jacques estava de volta em casa, agora uma casa muito vazia. Ele se sentou diante da televisão e colocou no canal de notícias para saber das novidades do mundo dos vivos. Ainda não tivera coragem de trocar de roupa, de tirar o terno — o mesmo que usara no enterro da esposa. O telefone tocou. Vale ressaltar que Jacques tinha um telefone fixo, algo que, para os jovens de hoje em dia, parece saído diretamente da Antiguidade. Jacques hesitou em se levantar e decidiu que não atenderia, ele já dera muito de si nos últimos dias e queria ficar em paz. Funcionou, o toque silenciou.

Pouco depois, o aparelho voltou a tocar, e Jacques se resignou a atender, pois o telefone não o deixaria em paz. Ele se levantou e atendeu, um pouco irritado:

"Alô!"

"Alô, papai? Cheguei. Pode vir me buscar? Estou na estação."

Era Maureen. Maureen estava viva. Imagine a surpresa de Jacques que, felizmente, não tinha problemas cardíacos. Ele se sentou, chocado. Chorou tanto que a filha não conseguiu entender o que estava acontecendo. Jacques, que ainda nem chorara a morte da filha, agora chorava porque ela estava viva. Ele foi até a estação, trouxe Maureen para casa e contou toda a história. O celular da jovem quebrara alguns dias antes, o que explicava a impossibilidade de contatá-la. Naquela noite, Jacques ligou para Mehdi, que tinha deixado seu número caso houvesse algum problema. Não era um problema, mas valia a pena avisar.

"Mas então quem foi enterrada?", Mehdi se perguntou.

Essa era a pergunta certa a se fazer. A história foi um escândalo e apareceu em todos os jornais da região. Até a televisão entrevistou Maureen e Jacques, muito felizes com o engano. Jacques era uma pessoa gentil e não culpava ninguém, preferia ver o lado bom do episódio, a felicidade recuperada, e acreditava que aquilo apagava um pouco a dor da morte recente da esposa.

"Alô, doutor? Temos um problema."

Foi com essas palavras que o juiz de instrução entrou em contato para pedir minha intervenção. Meu antecessor errara na identificação, tudo precisava ser refeito. O corpo foi exumado e eu refiz a autópsia. Era realmente um corpo de mulher, não havia erro na altura, no peso, na descrição, na estimativa de idade, em nada. O erro fora cometido em outro aspecto, a identificação havia sido um pouco precipitada. É verdade que a putrefação tornara o corpo impossível de ser identificado visualmente, porque estava muito decomposto. De todo modo, sempre desconfio da identificação visual, pois já tive algumas surpresas.

Uma vez, uma senhora foi ao IML para identificar o filho. Eu lhe mostrei o suposto corpo e ela não o reconheceu. Fiquei um pouco surpreso, pois o rapaz estava com a carteira de identidade e o rosto parecia corresponder à fotografia. Como ele tinha uma tatuagem, perguntei à senhora se o filho fizera uma tatuagem, e ela respondeu que sim. Era o desenho de um golfinho no braço direito, que correspondia perfeitamente à tatuagem do falecido. Mostrei-a para a senhora, e ela respondeu que aquilo não era um golfinho, mas um peixe, e se recusou a reconhecer o corpo. Tive que recorrer à identificação por DNA para confirmar que era de fato o rapaz, apesar da negação da mãe, que continuava se recusando a admitir a morte do filho, que lhe causava imensa dor.

Em outra ocasião, recebi uma senhora para identificar o corpo da filha e, apesar de as gavetas estarem mal etiquetadas e eu ter apresentado o corpo de um jovem rapaz, a senhora o reconheceu de imediato e erroneamente como sendo o da filha.

No caso do corpo da jovem que eu estava exumando, já não era possível coletar impressões digitais devido à decomposição. As únicas coisas que ainda podiam ser feitas, e que têm máxima eficácia, eram análises odontológicas e de DNA, que foram solicitadas. O dentista veio no mesmo dia e verificou o estado da dentição enquanto eu realizava as coletas para as análises de DNA.

Alguns dias depois, ela foi formalmente identificada graças à ficha odontológica. Sem surpresas, a análise e as comparações de DNA corresponderam à análise dentária.

Esse é o tipo de situação que não deveria mais ocorrer nos dias de hoje, com a existência de uma estrutura específica da Polícia Federal, o DVI (Disaster Victim Identification), criado em 1987 por Joan De Winne, que permite a identificação de casos complexos. Essa unidade é composta de policiais federais efetivados, sediados na capital, e policiais locais que são ativados pelo DVI assim que um caso surge em seus territórios.

O sistema de identificação, altamente refinado, funciona da seguinte maneira: quando uma pessoa desaparece, a polícia cria uma ficha *ante mortem*, que consiste num registro de todas as características físicas, como altura, peso, cor e comprimento dos cabelos, se usa óculos, se tem cicatrizes ou tatuagens, brincos ou piercings, tudo acompanhado de fotos e, principalmente, dados médicos e dentários.

No plano dentário, o dentista é contatado para fornecer o histórico do paciente desaparecido, bem como radiografias disponíveis. No plano médico, eles entram em contato com o profissional de saúde, às vezes o prontuário é revisado e todos os detalhes médicos são coletados, como doenças que a pessoa sofre ou sofreu, histórico de cirurgias, colocação de próteses, entre outros. Em caso de prótese, o hospital onde a cirurgia foi realizada é consultado para obtenção do número da prótese implantada. Em suma, é um trabalho demorado, mas bastante útil.

Quando um corpo não identificado é descoberto, trabalhamos em conjunto com o DVI para criar um perfil post mortem que compreenda dados antropométricos como altura, peso, constituição física, comprimento e cor do cabelo, presença de barba em caso de corpo masculino, tatuagens, cicatrizes, amputações etc. O corpo é então submetido a radiografias para identificar fraturas recentes que possam estar relacionadas à causa da morte ou a agressões que levaram a ela, além de fraturas antigas, pois os calos (cicatrizes ósseas) que apresentam são característicos de um tipo específico de fratura por sua forma geral. Se tivermos radiografias da fratura na época em que ela ocorreu, teremos uma boa chance de compará-las com as novas, feitas do cadáver. Naturalmente, isso não garante uma identificação formal e definitiva, mas contribui para a análise, e todos os detalhes são levados em conta nos processos de identificação, para que seja possível ter o máximo de certeza.

A identificação de indivíduos sempre foi um problema até o advento da fotografia judicial, em 1870, a primeira das três grandes inovações técnicas da criminalística moderna.

Nos séculos anteriores, várias técnicas haviam sido desenvolvidas para identificar as pessoas vivas ou mortas, sempre com sucesso bastante limitado, até que um funcionário da chefia de polícia de Paris, Alphonse Bertillon (1853-1914), inventou a técnica antropométrica, que consistia em medir diversas características de um indivíduo, como altura, peso, distância entre o centro dos olhos, distância entre as extremidades dos membros superiores com os braços estendidos, comprimento do pé etc. A ideia de Bertillon era que embora algumas medidas fossem idênticas entre dois ou mais indivíduos, nem todas seriam, o que permitiria uma identificação precisa. Tornou-se impossível se passar por Dupont em Paris e por Durand em Marselha para cometer crimes. Nomes diferentes não eram mais o bastante. Essa técnica permitiu que vários criminosos reincidentes fossem identificados numa época em que a "marcação" (aplicação de ferro quente numa parte do corpo em caso de condenação) estava proibida desde 1832. Tudo funcionou muito bem, e Bertillon conseguiu identificar 5 mil reincidentes entre 1882 e 1893. A técnica também se adaptou com perfeição à fotografia judicial, surgida em 1870, sendo adicionada à ficha de cada condenado. Mas o método de Bertillon tinha algumas falhas, sendo a mais importante delas o fato de não ser possível identificar um criminoso se ele não deixasse suas medidas antropométricas no local do crime.

Foi nesse contexto que as impressões digitais, a segunda grande técnica da criminalística moderna, fizeram muito sucesso, pois podiam atestar a presença do autor no local do crime. Elas eram conhecidas desde 1826, mas somente a partir de 1897, sob a investida do inspetor Edward Henry, a Scotland Yard decidiu utilizá-las e depois, em 1901, criar seu primeiro arquivo de impressões digitais.

A primeira identificação na França data de 1902. Um homem chamado Scheffer cometeu um roubo na casa de um dentista na Faubourg Saint-Honoré. Durante o crime, ele foi surpreendido pelo criado do dentista e o matou antes de fugir. Mas Scheffer deixou suas impressões digitais no vidro de um móvel do consultório odontológico, que foram coletadas pela polícia judiciária. As impressões de Scheffer, que era um dos suspeitos e negava os fatos, foram comparadas com as encontradas na cena do crime, o que permitiu identificá-lo. Ele foi o primeiro condenado francês identificado a partir das digitais.

Posteriormente, as impressões digitais voltaram às manchetes em 22 de agosto de 1911, quando a *Mona Lisa* foi roubada do Museu do Louvre. O audacioso furto foi cometido à luz do dia por um operário, Vincenzo Peruggia, que havia trabalhado, junto com outros colegas, na reforma e melhoria de algumas salas do museu. Aproveitando o fechamento do Louvre no dia 21 de agosto, o homem pegou a pintura, retirou-a da moldura e a levou consigo. Alphonse Bertillon coletou uma impressão digital no vidro da moldura que continha a *Mona Lisa* e tentou compará-la, sem sucesso, com as digitais dos 257 funcionários do Louvre. A França inteira ficou em polvorosa. Um juiz de instrução foi designado, o que era bastante raro num simples caso de roubo. Pessoas como Pablo Picasso foram interrogadas, Guillaume Apollinaire passou sete dias na prisão, recompensas foram oferecidas, tudo em vão. O indecifrável mistério se prolongou por dois anos, durante os quais a *Mona Lisa* ficou escondida na casa do ladrão, na Rue de l'Hôpital--Saint-Louis, no Décimo Arrondissement de Paris. Peruggia chegou a ser interrogado, mas o estado decrépito de seu quarto levou os policiais a suporem que ele não poderia ser o ladrão. Nem sequer vasculharam o cômodo, embora a tela estivesse lá. Em 1913, Peruggia foi a Florença para tentar revender a obra como uma réplica de alta qualidade. A polícia foi alertada por um antiquário florentino, que suspeitou da autenticidade da cópia. Peruggia foi preso. Suas impressões digitais o incriminaram, embora ele alegasse nada saber quanto ao roubo, argumentando se tratar realmente de uma réplica; mais tarde mudou de ideia, dizendo ter agido por patriotismo para tentar devolver à Itália uma obra que pertencia ao país, ignorando que Francisco I a havia comprado de Leonardo da Vinci em 1518, um ano antes da morte do pintor, por um preço que alguns historiadores estimam em 4 mil escudos de ouro (mais de 1,6 milhão de euros). Peruggia foi condenado a um ano e quinze dias de prisão, sentença provavelmente abrandada por seu patriotismo e não cumprida até o fim. A *Mona Lisa* retornou ao Louvre em 4 de janeiro de 1914, depois de uma jornada triunfal pela Itália.

Mas voltemos ao cadáver. Realizamos uma autópsia para determinar a causa da morte e também para coletar quaisquer elementos úteis para a identificação, como vestígios de cirurgias. Havia vesícula biliar? O coração tinha pontes de safena? A tireoide estava presente? Total ou parcialmente? Também procuramos qualquer evidência de fraturas e de pinos de osteossíntese, que em alguns casos possuem números que nos permitem identificar a pessoa. A empresa que fabricou a prótese pode fornecer esse número e informar para qual hospital foi vendida, e o hospital finalmente esclareceria quem a recebeu.

O dentista interveio durante a autópsia para realizar um ortopantomograma, ou seja, uma radiografia panorâmica de toda a boca, para verificar se havia dentes ausentes, próteses etc. Assim, ele estabeleceu um perfil que poderia ser comparado com o de pessoas desaparecidas.

Durante a autópsia, coletamos sangue ou amostras de músculo para realizar uma análise de DNA. O DNA, terceira grande técnica da criminalística moderna, se tornou "a rainha das provas em matéria de criminalística". Essa técnica fez com que seu inventor, Alec Jeffreys, fosse mundialmente reconhecido. Tudo começou com o assassinato e estupro de duas jovens de quinze anos, Lynda Mann e Dawn Ashworth, em Leicestershire, na Inglaterra, em 1983 e 1986. A investigação estava parada quando, em 1987, Alec Jeffreys foi chamado para intervir no caso com a nova técnica, apresentada dois anos antes. Um homem com deficiência intelectual havia sido acusado dos crimes, mas confessara ser autor de apenas um deles, e acabou sendo completamente inocentado graças à nova técnica. Em seguida, 5 mil homens da região foram submetidos ao teste de "impressões genéticas", sem que fosse possível encontrar um perfil que coincidisse com o do esperma deixado pelo autor dos estupros. A investigação estava novamente parada quando uma mulher se apresentou à polícia, em 1º de agosto de 1987, para relatar o que tinha ouvido em um pub. Um homem se gabara de ter recebido duzentas libras esterlinas de um amigo, Colin Pitchfork, para fornecer seu sangue no lugar do amigo em uma investigação de estupro. Colin Pitchfork foi preso. Tornou-se o primeiro homem condenado com base em "impressões genéticas", como era chamado o DNA. Desde então, a técnica evoluiu consideravelmente, tornou-se mais refinada, ganhou muito em precisão e sensibilidade. Na época de sua descoberta, eram necessários vários centímetros cúbicos de sangue para realizar uma impressão genética, enquanto hoje apenas algumas células são suficientes.

Outras técnicas podem ser usadas para identificar um ser humano, mas preferi mencionar apenas as mais importantes. A criminalística segue evoluindo, e não duvido que ainda nos brinde com boas surpresas nos próximos anos.

Combustão espontânea
e outras putrefações

No post mortem, a transformação do corpo pode seguir três vias, sendo a principal a putrefação. As outras duas, mais raras, são a mumificação e a saponificação (um processo que hidrolisa os ésteres e produz sabão).

Quando morremos, nosso corpo deixa de produzir energia e nossas células morrem, resultando no que chamamos de autólise, ou seja, a morte das células devido à falta de energia necessária para sua manutenção. Nem todas as células do organismo morrem ao mesmo tempo, pois algumas têm maior resistência à privação de oxigênio. As primeiras a morrer são as células do sistema nervoso, especialmente as do cérebro, e também as células cardíacas.

Em seguida, ocorre um segundo fenômeno, a putrefação. Ela é causada, em primeiro lugar, pelas bactérias putrefativas que habitam nossos intestinos. Com a morte, essas bactérias deixam de ficar confinadas nesses órgãos e atravessam suas paredes, chegando ao revestimento cutâneo por dentro, primeiro na altura da parte inferior do abdômen, à direita, na região onde o cólon (o intestino grosso) entra em contato com a parede abdominal. Nesse ponto, uma mancha verde começa a se desenvolver entre 24 e 48 horas após a morte, espalhando-se gradualmente e colorindo toda a superfície da pele de verde-escuro.

Ao mesmo tempo, essas bactérias produzem gases de putrefação que incham os tecidos do corpo, fazendo com que pareçam extremamente tensionados, como se estivessem a ponto de explodir. Não se preocupe, eles nunca explodem. Esses gases são constituídos sobretudo por metano, sulfeto de hidrogênio, amônia, tióis e dióxido de enxofre, e exalam um cheiro reconhecível por sua pestilência.

A epiderme se separa da derme devido à ação desses gases e dos líquidos resultantes, formando bolhas que chamamos de flictenas. Essas bolhas são muito frágeis, separadas do exterior por uma fina camada de epiderme, e podem se romper ao menor contato, espalhando os líquidos que contêm. Esses líquidos têm um odor muito forte e persistente, que impregna todos os tipos de tecido.

Ninguém jamais esquece esses cheiros depois de ser exposto a eles. O pior é que, depois de associar esse cheiro a um cadáver, não conseguimos mais comer carne malpassada. Fui a um restaurante com amigos caçadores no final de uma temporada de caça para comer javali e veado. Não sou caçador e raramente como carne de caça. A peça de javali que me serviram estava faisandé, ou seja, havia sido submetida à decomposição por algum tempo, uma forma clássica de prepará-la. Na primeira mordida, entendi que não conseguiria ir adiante. A carne tinha basicamente gosto de cadáver em decomposição. Não se assuste, nunca comi cadáver humano em decomposição, mas conheço seu sabor. Tudo pode ser explicado pela fisiologia humana. Os odores da putrefação se misturam com a saliva e permitem certa gustação, pois os centros do olfato e do paladar têm interconexões que fazem com que possamos sentir o gosto daquilo que cheiramos. É o que acontece com os cheiros de putrefação. Nunca mais comi javali, veado ou qualquer outro tipo de carne de caça.

Depois que os tecidos incham, que as flictenas aparecem e que a epiderme se descola, observa-se uma protrusão da língua e dos olhos. Os gases de putrefação também se acumulam em todas as cavidades, principalmente na abdominal, que se distende, causando uma pressão tão forte que é comum ocorrer perdas de urina e matéria fecal, e até mesmo a protrusão de intestinos pelo ânus ou do útero pela vagina. Nessa fase, considerando uma temperatura de cerca de 18°C, duas a três semanas passaram desde a morte. Após várias semanas, a coloração do cadáver se torna verde-escura, ou mesmo preta.

Ao fim de alguns meses, os órgãos mais sólidos, como o útero, a próstata e o coração, ainda se mantêm conservados, assim como o sistema ligamentar preso ao esqueleto. Em latitudes belgas, um estado como o descrito pode ser alcançado ao ar livre num período de doze a dezoito meses. É possível que o corpo evolua então para a esqueletização. Sob outras latitudes, esse estado pode ser alcançado ao ar livre em três anos.

Numa versão bastante resumida, é assim que se dá a decomposição dos corpos. Creio não serem necessários mais detalhes. Mas o cadáver também pode escapar da putrefação, ao menos parcialmente, e se mumificar ou saponificar.

A mumificação ocorre quando o ambiente é muito seco, causando a desidratação do corpo. Não é necessário que esteja muito quente. A ideia de que o calor é um excelente meio de mumificar um cadáver é amplamente disseminada porque a associamos às múmias egípcias. É verdade que faz bastante calor no Egito, país situado ao longo de um rio que atravessa o deserto. Sem o Nilo, o Egito seria um deserto árido e tórrido. Mas se fosse o calor que levasse à mumificação, encontraríamos múmias nos trópicos, na floresta equatorial. No entanto, isso é impossível, devido à elevada umidade. É a secura que permite a mumificação, não o calor.

Por outro lado, a saponificação, ou adipocera, é o estado no qual os corpos se transformam quando em ambientes úmidos ou mesmo líquidos.

Há duas situações relacionadas à putrefação que eu gostaria de abordar: a combustão espontânea e a exumação. Em outros capítulos veremos múmias ("Uma múmia magnífica") e corpos saponificados ("A morta que transpira e outros afogados").

"Alô, doutor? Poderia ver o corpo do sr. fulano? Os policiais falaram em combustão espontânea."

Na noite anterior, eu tinha assistido a uma reportagem na televisão francesa sobre supostos casos de combustão espontânea. O programa era tão bem-feito que pensei que poderia dar ideias a algumas pessoas, e eu não estava enganado: no dia seguinte já havia um caso.

A combustão espontânea acontece quando o corpo humano começa a queimar sozinho, geralmente de maneira parcial, sem uma explicação plausível. Vários casos foram relatados ao redor do mundo, como o de uma jovem que teria pegado fogo em um baile, e outra em uma boate. Mas a maior parte deles está claramente relacionada ao consumo de álcool ou ao alcoolismo. Hoje, a hipótese mais razoável é que uma pequena quantidade de acelerador, como o álcool, seja usada em um corpo suficientemente gorduroso. O calor necessário para iniciar a combustão seria gerado ao incendiar o acelerador, com a gordura corporal atuando como material inflamável. Isso é conhecido como "efeito pavio", mas se trata apenas de uma hipótese, uma teoria ainda não comprovada.

A imprensa estava presente no local. O caso que eu estava prestes a examinar já causava bastante alvoroço, como um eco do programa da noite anterior. O corpo se encontrava na cozinha do apartamento do primeiro andar, deitado de costas, completamente nu e todo preto. Deve ter sido a cor escura que suscitou a ideia de morte por combustão espontânea, mas o corpo não apresentava sinal de queimadura, nem o chão onde estava. Por outro lado, o piso de linóleo branco escurecera devido aos líquidos de putrefação; o escurecimento se limitava à área ao redor do corpo, exceto por um escoamento em direção ao fogão, que reforçava a ideia de combustão.

Estou acostumado a ver corpos calcinados por imolação. É uma forma de morte rara, mas já tive a oportunidade de examinar vários casos. Um acelerador, como gasolina, é derramado sobre o corpo e depois o fogo é aceso com um simples isqueiro. O acelerador inflama, queima as roupas e chega à pele, mas nunca a ultrapassa. Isso resulta em grandes lesões cutâneas, impossíveis de serem confundidas com putrefação.

Na verdade, eu estava diante de um cadáver em processo de putrefação, que vinha se decompondo havia algumas semanas. A correspondência não era recolhida fazia quase um mês, e aquele senhor não tinha sido visto vivo desde então. Não se tratava de combustão espontânea, apenas de putrefação — no fim das contas, algo bastante banal.

A exumação costuma ser resultado de um erro, de uma dúvida que não foi esclarecida antes do enterro ou de um assassinato negligenciado, como veremos no capítulo "Falar demais". Exumar é como abrir uma caixa de bombons sortidos, nunca sabemos o que vamos encontrar. A única certeza é que não será uma cena bonita e que autopsiar um corpo exumado definitivamente não será a melhor parte do seu dia.

Diante da dúvida legítima do juiz, que me pergunta se "vamos encontrar alguma coisa", minha resposta é sempre a mesma: "Precisamos abrir o caixão para saber". Até porque o nível de decomposição varia dependendo da natureza do solo em que o corpo foi enterrado.

A maioria das exumações é realizada para averiguar a causa da morte, em geral porque se optou por economizar na autópsia quando o corpo foi encontrado ou quando a morte foi relatada, como no caso descrito no capítulo "Falar demais". No entanto, há outras razões para se fazer uma exumação, e vou expô-las em poucas palavras. No desastre da Rue Léopold, ocorrido em 27 de janeiro de 2010 em Liège, quando dois prédios desabaram depois de uma explosão seguida de incêndio, deixando muitas vítimas, precisei identificar uma senhora, Paulette, que morava sozinha num dos apartamentos. No caso dela, apenas a técnica de DNA era viável, porque as chamas a consumiram quase por completo. Para identificar alguém através do DNA, são necessários elementos de comparação, como o DNA coletado da escova de dentes da vítima, de seu travesseiro ou de outros objetos de contato, mas a explosão, o incêndio e o desabamento do imóvel fizeram com que tudo isso desaparecesse.

Em tais circunstâncias, é necessário encontrar membros da família e comparar o DNA com o coletado no corpo da vítima. O problema é que essa senhora morava sozinha e não tinha família — seu único filho, Édouard, um toxicodependente, morrera de overdose dois anos antes. Paulette não tinha muito dinheiro, havia dado tudo o que tinha ao filho, que era um verdadeiro saco sem fundo. Sem recursos, ela não pudera arcar com o enterro dele. Os órgãos públicos então se encarregaram do funeral. Édouard foi enterrado num caixão simples, como indigente e na "fossa comum". Atualmente, cada morto tem seu lugar identificável, o que ajuda muito, pois fui obrigado a desenterrar Édouard.

No dia marcado, fui ao cemitério para a exumação acompanhado pelo DVI, o serviço da Polícia Federal encarregado da identificação de vítimas de desastres, e o mínimo que se pode dizer é que o incêndio na Rue Léopold, com suas catorze mortes, havia sido uma verdadeira tragédia. Os funcionários do cemitério, que nos esperavam para iniciar os procedimentos, ligaram a escavadeira e começaram a cavar no local da sepultura.

O buraco ficava cada vez mais fundo, um metro, um metro e meio, dois metros, e nem sinal do caixão. A dois metros, com certeza havíamos ultrapassado a profundidade de sepultamento. Foi preciso se render ao fato de que o caixão fora completamente consumido, junto com o corpo, a uma velocidade que não imaginávamos, devido à natureza do solo, que era bastante permeável e permitia a passagem de água e ar, garantindo uma drenagem particularmente eficaz. Cavando a terra, encontramos alguns poucos fragmentos ósseos de Édouard, que, submetidos à análise de DNA, nos forneceram seu código genético. Comparado ao do suposto corpo de Paulette, pudemos identificá-lo.

Exumado apenas dois anos depois de enterrado, nunca imaginei que encontraria o corpo de Édouard em tal estado de decomposição. Por outro lado, já exumei mortos depois de vinte anos e os encontrei praticamente intactos, e até reconhecíveis. Tudo depende do solo, e nada nos permite prever o estado do corpo.

As moscas e o esqueleto

Logo na entrada daquele prédio de seis andares, sem elevador, entendi por que eu estava ali. Os vizinhos haviam alertado a polícia sobre um mau cheiro que só aumentava fazia vários dias, que atribuíam aos moradores do último andar. A polícia interveio e percebeu de imediato que devia haver um cadáver no local. O procurador substituto de plantão foi alertado e acionou o juiz de instrução, que por sua vez me convocou, seguindo o procedimento habitual.

Quando cheguei, todos estavam no lance de escadas do sexto andar, à minha espera. Ninguém havia entrado no apartamento, e com razão, pois o cheiro era insuportável.

Entrei no imóvel seguido pela equipe do laboratório. Era um apartamento de frente, composto de vários cômodos em sequência, sem corredor — tínhamos que cruzar um por um para percorrer todo o espaço. Guiado pelo cheiro, não tive dúvida de que deveria seguir para a direita.

A putrefação exala um odor com o qual nunca nos acostumamos. É insuportável e permanecerá insuportável até o fim de nossa carreira. No entanto, embora seja difícil se acostumar, existem maneiras de se adaptar. Minha estratégia é entrar no local onde está o cadáver o mais rápido possível e esperar, sem pressa, que meu nariz se sature do odor, de modo a senti-lo cada vez menos. Funciona.

É fisiologia aplicada. Todo mundo sabe disso sem saber. Quando passamos um perfume ou loção pós-barba, depois de alguns minutos não sentimos mais nada, porque os receptores olfativos, localizados dentro do nariz, logo atrás de sua raiz, ficam saturados. Isso também acontece com o cheiro de decomposição, ainda que, por se tratar de um odor forte, não deixemos de senti-lo, e ele apenas se amenize. Uma coisa que nunca se deve fazer é entrar e sair do local dominado pelo mau cheiro, porque essa é uma boa maneira de ficar enjoado. Também nunca se deve usar roupas de lã, pois elas retêm muito esse tipo de odor. Por exemplo, um homem se suicidou dentro do carro, um Porsche, depois de tomar medicamentos. Ele só foi descoberto dias depois. Infelizmente era verão e o sol forte havia aquecido o veículo, acelerando o processo de decomposição. Quando descoberto, o corpo estava em estado avançado de putrefação, com vazamentos nos assentos do carro, que ficaram inutilizados. Os bancos foram retirados para serem substituídos, mas, como o cheiro persistia, o veículo teve todo tipo de tecido que cobria seu interior removido. Mesmo assim, o cheiro não saiu, inutilizando o veículo por completo. O belo Porsche foi direto para o ferro-velho.

As janelas estavam à minha esquerda. O apartamento se encontrava naquele estado de sujeira e desordem já habitual para nós. À medida que avançávamos de cômodo em cômodo, o cheiro se intensificava.

Os locatários do imóvel, usuários de drogas, tinham sido facilmente encontrados pela polícia. Interrogados, eles explicaram que, ao entrar no apartamento num dia que não conseguiam especificar, tinham se deparado com o cadáver de um amigo enforcado num varão de cortina. Como não queriam problemas com a polícia, decidiram descer o corpo e deixá-lo no quarto dos fundos, embaixo de cobertores. Quanto mais fedia, mais cobertores eles colocavam, até que o cheiro se tornou insuportável e eles abandonaram o apartamento.

Ao continuar avançando, não apenas o cheiro se tornava mais forte como o barulho também aumentava. Um som semelhante ao zumbido de um enxame de insetos. Entendi na hora que as moscas estavam fazendo a festa. Antes de entrar, eu disse a meu colega do laboratório da polícia judiciária:

"Vou abrir a porta. Não abra a boca de jeito nenhum e tampe o nariz. Vou entrar e abrir a janela, depois veremos como fica."

O local estava escuro, não se via nada e o barulho das moscas era ensurdecedor. O chão estalava sob meus pés. Na verdade, eu pisava em cadáveres de moscas; o esqueleto quitinoso estala. Chegando à janela pensei ver uma cortina, já que a luz do dia não entrava, mas, tateando, não a encontrei. Em vez disso, encontrei o puxador da janela e, sem me virar, abri-a completamente, fazendo com que dezenas de milhares de moscas saíssem voando. Senti-as batendo na parte de trás da minha cabeça.

Quando consegui me virar, vi um quarto repleto de cadáveres de mosca, que também grudavam no vidro da janela, tornando-a opaca, além de uma pilha de cobertores no centro do cômodo.

Juntos, retiramos os cobertores um por um e, no sexto, encontramos o corpo. Estava praticamente "esqueletizado" (neologismo da palavra inglesa *skeletonised*), ou seja, quase virara um esqueleto, com apenas um pouco de pele cartilaginosa em alguns pontos e ligamentos articulados que mantinham os ossos unidos.

Um estado de decomposição como aquele sugeria que a morte ocorrera havia várias semanas, o que era preocupante, já que a polícia fizera uma busca dez dias antes e não poderia ter ignorado o corpo se ele estivesse no local.

Transportamos o cadáver até as minhas instalações e, na sala de autópsia, fiz o possível para tentar encontrar a causa da morte e identificar aquela pessoa. A identificação foi realizada sem demora graças ao registro dentário.

Quanto à causa da morte, é muito difícil determiná-la quando o corpo se encontra em tal estado. Na verdade, a menos que um osso tenha sido atingido por um projétil ou por uma lâmina, não podemos dizer muito. Naquele caso, graças a uma fratura do osso hioide, um pequeno osso na base do pescoço, pude confirmar o estrangulamento possivelmente como causa da morte, possivelmente devido a uma corda, possivelmente por enforcamento. Havia muitos "possivelmente", mas era melhor do que nada e confirmava a versão dos moradores do apartamento.

Restava avaliar o momento da morte. Para isso, recorremos aos serviços do dr. Marcel Leclercq (1924-2008), um médico generalista de Beyne-Heusay, um vilarejo nos arredores de Liège. Era um homem pequeno e jovial, sempre com um sorriso no rosto e uma história sobre moscas para contar.

Os médicos do setor apresentavam todos os casos da semana às segundas-feiras, e Marcel participava desses encontros. Ele sempre se interessou por moscas. Já no início do curso de medicina, levou moscas para mostrar ao professor de biologia. Nas viagens de férias ou em congressos, Marcel carregava um guarda-chuva preto, um regador e um mosquiteiro: ele abria o guarda-chuva sob o sol forte, molhava-o com água, esperava que os insetos fossem matar a sede e jogava o mosquiteiro sobre eles. Com o passar dos anos, reuniu uma coleção de mais de 2 milhões de moscas e outros insetos.

Marcel era mundialmente reconhecido por sua extraordinária competência em entomologia médico-legal, fornecendo informações essenciais em várias investigações, às vezes até midiáticas. Nós o chamávamos de "Senhor Mosca".

Ele me contou uma história muito particular. Em um caso bastante delicado, moscas tinham sido encontradas em alguns cadáveres depois da exumação. Os investigadores e magistrados, cientes da importância de uma consultoria especializada no assunto, recorreram aos estadunidenses, ao FBI. Era o mais lógico a se fazer, dada a tecnologia e os recursos de que dispunham, em comparação com nossas limitações. É preciso dizer que os estadunidenses são apoiados pelo governo. Seja como for, a resposta deles foi surpreendente e definitiva: "Não podemos ajudar". Disseram que as moscas dos Estados Unidos eram diferentes das moscas belgo-europeias — o que é verdade —, e portanto não tinham conhecimento sobre elas nem meios para adquiri-lo. Além disso, acrescentaram que o homem à frente do desenvolvimento moderno e científico dessa disciplina se chamava Marcel Leclercq e era médico em Liège. Eu gostaria de ter visto a cara dos investigadores e magistrados quando receberam essa resposta.

No campo científico forense, Marcel Leclercq é uma referência incontestável. Apesar de ter morrido em 2008, ele é citado até hoje, sendo autor de 353 artigos, três filmes de divulgação científica (tenho um deles, *La Guerre des mouches* [A guerra das moscas], da Mona Lisa Production), e três livros. *Entomologie et médecine légale* [Entomologia e medicina legal], publicado em 1978, ocupa lugar de destaque em minha biblioteca. Na verdade, ele resgatou, revitalizou e avançou consideravelmente os trabalhos do dr. Jean-Pierre Mégnin (1828-1901), veterinário e entomologista francês, autor de um trabalho seminal em entomologia médico-legal lançado em 1894, *La Faune des cadavres* [A fauna dos cadáveres], publicado ainda hoje, que havia sido um tanto esquecido na história da medicina legal.

Voltemos ao cadáver. Marcel demonstrou que as moscas se desenvolveram em grande quantidade e em tempo recorde devido às altas temperaturas do quarto, o que lhe permitiu estimar o falecimento em oito dias, ou seja, dois dias depois da visita inicial da polícia, o que foi um grande alívio para todos e uma experiência extraordinária para nós, legistas. Foi a primeira e única vez em minha carreira que vi um corpo ser devorado por moscas com tanta rapidez, mas as condições eram verdadeiramente excepcionais. Estávamos no meio do verão, um verão quente, em um pequeno quarto com orientação sul, sem cortinas e com vidros duplos, uma verdadeira incubadora de moscas.

Montes de esqueletos

Não é raro sermos chamados para analisar um esqueleto, o estágio final da putrefação, e o estudo dos ossos requer uma formação especializada. Felizmente, temos excelentes antropólogos forenses, tanto na França, como o professor Gérald Quatrehomme, em Nice, e o professor Eric Baccino, em Montpellier, quanto na Bélgica, com Philippe Lefebvre, em Charleroi, a quem recorro sistematicamente em casos de descoberta de esqueletos um tanto suspeitos. Também tenho essa formação específica, mas, como não a pratico muito, prefiro contar com a experiência de um especialista, respeitando assim meu adágio favorito: "Só se faz bem o que se faz com frequência".

Christian adorava espeleologia e a praticava todas as semanas, pois tinha a sorte de morar perto de cavernas que adorava explorar. Eram cavernas com múltiplas entradas, e, de tanto visitá-las, já não havia segredos para ele. "Eu me localizaria nelas de olhos fechados", dizia. Ao meio-dia, seu amigo Pierre, com quem costumava explorar as cavernas, passou para vê-lo. Mas Christian não estava em casa, e como o equipamento de espeleologia não estava à vista, a mãe de Christian disse que o filho devia estar nas "suas cavernas", como ele as chamava. Pierre então voltou para casa.

Na manhã seguinte, Pierre foi acordado por policiais:

"Bom dia, somos da polícia. Estamos procurando Christian. Ele está com você?"

Christian não voltara à noite e, de manhã, sua mãe, preocupada com o sumiço, ligara para a polícia.

"Ele não está aqui, mas sua mãe me disse que ele tinha ido para as cavernas."

"De fato, mas estamos checando com os amigos antes de entrar lá."

"Vou com vocês. Conheço bem as cavernas. Vamos encontrá-lo!"

Pierre se despediu dos policiais e reuniu seu equipamento, determinado a procurar Christian, e sobretudo encontrá-lo. Provavelmente o amigo caíra, então não havia tempo a perder, pois logo completariam-se 24 horas desde que saíra. O medo tomou conta de Pierre quando percebeu que Christian devia estar às escuras. Ele não gostava da falta de luminosidade, e talvez frequentasse as cavernas também para se testar, para aprender a superar o medo de escuro que o perseguia desde a infância. Os policiais reuniram um pequeno grupo de espeleólogos amadores, havia muitos na área, para começar a procurá-lo.

As buscas começaram perto do meio-dia. Embaixo da terra perde-se a noção do tempo, que ao ar livre é marcado pela luminosidade e a posição do sol. Aquelas cavernas eram enormes e com inúmeras ramificações; as buscas foram feitas de forma dispersa, sem sistematização, na esperança de encontrar Christian rapidamente, o que infelizmente não aconteceu. Por volta das oito da noite, com todos já muito cansados, as buscas foram interrompidas. Decidiu-se retomá-las às sete horas do dia seguinte.

Na superfície, as florestas vizinhas haviam sido exploradas e uma nova entrada fora encontrada: um buraco vertical, um poço com uma corda amarrada a uma árvore. A corda fora puxada, revelando ser curta demais para alcançar o fundo. Por seu aspecto, ela havia cedido. Com outra corda, um homem desceu pelo poço, caso Christian estivesse ferido, inconsciente depois uma queda causada pela ruptura da corda, mas não havia vestígios dele no local.

No dia seguinte, as buscas recomeçaram. Os policiais conseguiram um mapa das cavernas com a administração municipal, e o comissário as dividiu em setores, criando diferentes grupos para explorar cada um deles. No final do dia, o resultado foi o mesmo: nada. Mais dias se passaram, e não havia sinal de Christian. As cavernas eram realmente extensas, mas depois de cinco dias tudo havia sido verificado. Era preciso se render aos fatos: ele não estava lá. Outras teorias começaram a surgir, como a hipótese de fuga, embora aos 23 anos isso fosse improvável; a de viagem, embora os documentos de Christian estivessem em casa, junto com sua mala e todas as suas coisas; e a de sequestro, embora a família não fosse rica para pagar um resgate. Restava a possibilidade de assassinato. Uma investigação foi aberta sem muita esperança.

Dias, semanas, meses e anos se passaram. No vilarejo, o desaparecimento de Christian se tornou uma lenda que inspirava espeleólogos amadores a visitarem as cavernas em busca de seu corpo. Encontrá-lo seria como encontrar o Santo Graal. Depois de 25 anos, porém, ninguém mais acreditava nisso.

Um dia, a porta da delegacia se abriu e três jovens espeleólogos entraram e colocaram um capacete em cima do balcão.

"Encontramos o corpo de Christian."

"O corpo de quem?", perguntou a jovem policial, que era nova na cidade e não conhecia a história.

"De Christian, o cara que desapareceu 25 anos atrás."

Um policial local que conhecia a história se aproximou e ouviu a conversa.

"Hoje não é 1º de abril, rapazes", brincou.

"Estamos falando sério. Vejam, este é o capacete dele, tem seu nome."

Com um sorriso, o policial pegou o capacete que o jovem lhe entregou, examinou-o e de repente parou de sorrir. Ficou muito pálido e exclamou:

"Comissário, venha ver, Christian foi encontrado!"

Duas horas depois, cheguei ao local. Vesti roupas apropriadas de espeleólogo e fiz minha primeira exploração espeleológica. Depois de mais de uma hora caminhando e rastejando pelas cavernas com a polícia judiciária, o laboratório e o procurador substituto, chegamos ao local da descoberta.

Christian estava lá, deitado de costas, nos esperando havia 25 anos. O tempo fizera seu trabalho e ele se tornara um esqueleto, mas estava lá. Nunca verei um esqueleto como aquele novamente. Em uma caverna, num chão bem plano, protegido do vento e das intempéries, num ambiente com temperatura e umidade estáveis, os ossos não tinham se alterado: continuavam no lugar, sem nenhuma dispersão exceto por um leve deslocamento na altura da coluna cervical, provocado pela remoção do capacete que os espeleólogos que o encontraram levaram como prova da descoberta. Christian ainda vestia um colete e um par de botas, mas o restante das roupas desaparecera, corroídas pela umidade.

Os ossos, porém, estavam intactos. Ao lado deles, coletei tudo o que restava da atividade entomológica: muitas pupas* vazias para entregar ao dr. Leclercq, nosso entomologista forense, que, após um exame realizado dias depois, descobriu que aqueles cadáveres de pupas pertenciam a insetos desconhecidos na região, mas bem conhecidos na Inglaterra, o que levantou um amplo debate sobre sua presença na Europa Continental.

O laboratório tirou fotografias do local, o ambiente das últimas horas de vida de Christian e também seu túmulo por tantos anos, depois coletei os ossos e os levei para a superfície. Após 25 anos, Christian enfim saiu das cavernas.

Levei-o para a sala de autópsia para examinar os ossos da melhor maneira possível, mas o exame não revelou nada, apenas a ausência de fraturas. Passei então para um exame antropológico que me permitiu confirmar que se tratava realmente do esqueleto de um indivíduo do sexo masculino de cerca de vinte anos e de origem caucasiana, o que correspondia à descrição do jovem desaparecido. Um dentista forense me acompanhou na sala de autópsia. Ele comparou os dentes do esqueleto com os da ficha odontológica de Christian, preservada apesar dos anos e da morte do dentista que o atendia. A análise foi determinante: era de fato Christian.

Assim, ele foi devolvido à família, que pôde finalmente enterrá-lo. Além do enterro, essa descoberta colocou fim a anos de dúvidas. Afinal,

---

* Estágio intermediário do inseto díptero, entre a larva e o imago.

como Christian não havia sido encontrado apesar de todos os esforços, era de supor que talvez não tivesse morrido naquelas cavernas e estivesse vivo em algum lugar. Que terrível motivo o levaria a não entrar em contato? Ninguém sabia de nada, então todas as hipóteses eram possíveis.

A descoberta de ossadas é rara, mas não excepcional. Na maioria das vezes encontramos apenas alguns ossos, raramente esqueletos completos. Uma vez por mês, mais ou menos, recebo uma caixa ou um saco contendo ossos encontrados em obras, quase sempre com um pedido de análise. Em geral são ossos de animais, mas ocasionalmente são ossos humanos.

Há alguns anos, um espeleólogo decidiu tentar encontrar novas cavernas, interessado sobretudo nos detritos que se acumulavam aos pés de grandes muralhas de pedra e que poderiam esconder grutas. Ao retirar tais detritos, ele encontrou alguns ossos. Depois de coletá-los, chamou a polícia.

O procurador Jacques e eu fizemos o trajeto juntos, pois o lugar ficava a trinta minutos da minha casa. Quando chegamos, para nossa grande surpresa, já havia jornalistas no local. Quem os avisou? Mistério. Mas isso nos rendeu a honra de ter nossa fotografia estampada na primeira página do jornal local, manipulando os ossos encontrados.

Ao examiná-los, fiquei surpreso por descobrir conformações ósseas que eu não conhecia. Eram ossos humanos, mas um tanto peculiares. Notavelmente, apresentavam um terceiro trocanter, que é como chamamos as saliências ósseas localizadas na face posterior da epífise superior do fêmur, o osso da coxa. Em resumo, havia uma terceira protuberância óssea logo atrás da cabeça do fêmur, onde normalmente há apenas duas.

Os ossos não mostravam sinais de trauma, nenhuma fratura, e como o crânio ainda não tinha sido encontrado, minha missão foi suspensa até que fosse descoberto, sendo a única parte do esqueleto que permitiria a identificação.

Jacques me pediu para verificar se fazia mais de vinte anos que a pessoa havia morrido, e eu realizei um teste que consistia em iluminar o interior do osso com uma lâmpada de Wood (luz ultravioleta), que não mostrou nenhuma luminescência, indicando um período post mortem muito superior a vinte anos, sem precisão adicional. Vinte anos é o prazo máximo de prescrição de crimes. Esse é o motivo pelo qual esse período interessa tanto às autoridades judiciais, pois se a morte ocorreu há mais de vinte anos a ação pública é extinta, e os autores do crime não podem mais ser processados. Jacques ficou mais tranquilo, não haveria ação pública, mas ainda restava identificar aquela pessoa.

Alguns dias depois, Jacques me ligou para dar notícias do caso.

"Você está sentado?", perguntou ele, o que me deixou intrigado. Eu podia sentir o tom brincalhão em sua voz, então fiquei aliviado, não devia ser nada sério.

"Sim, sim, fale logo."

Na verdade eu estava de pé, mas ele tinha aguçado minha curiosidade e eu queria saber o que ia revelar.

"É um homem do Neolítico", contou ele.

Jacques me explicou que, ao ver nossa foto no jornal, um arqueólogo havia entrado em contato com a polícia e pedido para analisar os ossos. Ele havia determinado que eram ossos de uma sepultura do Neolítico. A área foi declarada "zona de escavação arqueológica", e os trabalhos de escavação iniciados pelo espeleólogo amador prosseguiram. Não foi sem certo humor que os arqueólogos chamaram o local de "a gruta da PJ".

"Alô, doutor? Tenho um esqueleto para o senhor", disse o procurador de plantão.

Ele se encontrava a duas quadras do IML, o dia estava ensolarado, e eu gosto de ar fresco. Coloquei a mochila nas costas, com todo o equipamento necessário, e segui a pé até o local. Faz muitos anos que optei por uma mochila em vez de uma mala para transportar meu equipamento, o que me permite ter as mãos livres e maior mobilidade.

O corpo estava no terceiro e último andar de um prédio. A porta de entrada dava diretamente na sala de estar onde o corpo se encontrava sentado em uma poltrona, de frente para a televisão, o controle remoto ao lado da mão direita, no braço da poltrona. Estava assistindo ao programa *Les Douze Coups de midi* [Os doze toques do meio-dia], apresentado por Jean-Luc Reichmann, de quem gosto muito. Pensei: "Até os mortos o assistem". Como a vinda do laboratório não estava prevista, eu mesmo tirei as fotos. Fotos são importantes na medicina legal. Elas tornam a realidade muito mais crua e sombria. Isso sempre me surpreende. As fotografias que tirei naquele dia não escaparam à regra, e ficaram ainda mais sombrias porque a televisão estava ligada e o rosto de Jean-Luc Reichmann aparecia com nitidez em algumas imagens, mostrando que, apesar da morte, a vida continua.

O cadáver estava completamente descarnado, o esqueleto aparente sob os restos de roupas que cobriam o corpo em algumas partes e sob uma camada de pele cartonada por uma forma de mumificação cutânea que ainda cobria os membros e o tórax. Não sei como a cabeça se mantinha no lugar, mas assim que a toquei ela se soltou e caiu sobre os joelhos. Um momento marcante, especialmente para os policiais, que, como eu, não esperavam que aquilo acontecesse e certamente levaram um enorme susto.

Não havia cadáveres de moscas, nenhuma pupa, portanto não houvera atividade da entomofauna: moscas e outros insetos não tinham participado do processo. As janelas estavam bem fechadas, sem frestas, a temperatura era de 20°C e não deve ter variado muito. Nessas condições são necessários vários meses, no mínimo de quatro a seis, para que um corpo se torne um esqueleto.

Os policiais haviam interrogado os vizinhos, que disseram ter sentido um cheiro desagradável meses antes, mas que depois havia passado. Eles o atribuíram às lixeiras cheias, que acabaram sendo retiradas. O mais surpreendente foi que, durante vários meses, ninguém se preocupou com aquele senhor até o dia em que precisaram consertar o aquecimento central. A tubulação tinha de ser esvaziada e, depois do conserto, o sistema precisava ser higienizado. Aquele senhor não atendera às ligações — é claro —, então a polícia foi avisada.

Ver gente morta não é nada de mais: um dia ou outro a morte chegará para todos. Difícil é ver o sofrimento social, a solidão e o esquecimento em que alguns vivem.

Uma múmia magnífica

"Alô, doutor? Preciso do senhor na rua tal... O senhor deve conhecer, acho."

"Não, não conheço. Por que eu deveria conhecer essa rua?"

"O senhor vai ver quando chegar. Ficará surpreso."

Fiquei imaginando o que aquele dia me reservaria no exercício de uma profissão que nunca deixava de me surpreender.

Chegando ao local, procurei a viatura da polícia, como de costume, e a vi bem na entrada da rua, em frente à casa onde um corpo havia sido encontrado. Era uma casa típica dos anos 1970, a famosa casa *bel étage*.*

Os policiais me receberam na via claramente movimentada com um grande sorriso.

"Então, doutor, tem certeza de que não conhece essa rua?"

"O que todo mundo tem com essa rua? O que ela tem de tão especial?"

Era uma rua sem saída, o que não combinava com o tráfego que recebia. Incentivado pelos policiais, dei alguns passos e descobri o que atraía a atenção de todos aqueles motoristas: mulheres se exibindo nas vitrines dos estabelecimentos. Estávamos, de fato, na via mais movimentada da

---

* Casa com a garagem no térreo e a habitação nos andares de cima. (N. T.)

cidade, a rua das prostitutas. Estava resolvido o mistério da rua à qual eu ainda retornaria muitas vezes ao longo da carreira para lidar com homicídios ou tentativas de homicídio.

A casa estava bastante deteriorada, a porta da frente não fechava. Em determinado momento o primeiro andar foi ocupado e, no térreo, para diminuir a tensão no períneo, os passantes aliviavam a bexiga antes de seguir seu caminho.

O proprietário havia desaparecido, algo que não desagradava as mulheres da rua, pois ele as insultava, gritando todo tipo de palavrões da janela do primeiro andar, assim como aos clientes, que tinham aprendido a atravessar para o outro lado. Os frequentadores do local já sabiam: não deviam estacionar na frente da casa se não quisessem receber uma enxurrada de insultos.

Até que um dia houve silêncio total, nenhum insulto, nenhuma grosseria, ninguém na janela do primeiro andar. Preocupada, uma das mulheres alertou um de seus clientes assíduos, um policial da localidade. Com certo senso de dever, o policial bateu à porta, mas não obteve resposta. Pelas janelas do térreo, ele distinguiu uma desordem assustadora, o que era habitual. De volta à delegacia, alertou o serviço social. "Ah, sim, o sr. Schlitz... Nós o conhecemos bem, ele dispensa nossa ajuda e nos insulta sempre que tentamos visitá-lo, então paramos de ir à sua casa", disseram.

Depois disso, imerso em suas outras tarefas, o policial tirou o sr. Schlitz da cabeça.

Seis meses após o desaparecimento, os bombeiros voltaram a procurar o sr. Schlitz na casa durante um princípio de incêndio no primeiro andar, mas não o encontraram. Uma pessoa em situação de rua que ocupava o local acendeu uma fogueira que ficou fora de controle. Os bombeiros se limitaram a examinar os andares em que o fogo se propagara, e a polícia colocou lacres no local, que duraram uma semana, até a casa ser novamente ocupada por outras pessoas em situação de rua, ou talvez as mesmas. No entanto, elas não permaneceram no imóvel, porque o fogo o tornara impróprio para moradia, mesmo para uma ocupação ilegal.

Essa situação reacendeu o debate interrompido meses antes: onde foi parar o sr. Schlitz? Tratando-se de um estrangeiro, a hipótese mais aceita era de que tivesse retornado a seu país, suposição que tinha a vantagem de tranquilizar a todos.

Inevitavelmente, a casa continuou a se deteriorar. O tempo foi passando e ninguém tinha notícias do sr. Schlitz, até a chegada de Léon. Ele ainda não sabia, mas resolveria o enigma do desaparecimento do sr. Schlitz sem sequer tomar conhecimento de sua existência.

Corretor de seguros em uma empresa bem estabelecida, Léon era um belo jovem de 35 anos. Recebera um nome já havia muito fora de moda, em homenagem ao avô. Léon não era casado, mas tinha uma companheira, Nathalie, que ele amava, embora ela não fosse muito interessada por sexo, o que o incomodava. Já ele, na flor da idade, tinha bastante desejo e capacidade para satisfazer possíveis parceiras. Os amigos lhe diziam: "Termine com ela, logo encontra outra". Mas Léon estava apaixonado e não conseguia imaginar a vida sem Nathalie. Os amigos, que não economizavam nos bons conselhos, acrescentaram: "Arranje uma amante". Léon não demorou a agir. Nora era uma mulher muito bonita, de origem magrebina, solteira e, aos 22 anos, havia acabado de terminar a faculdade. Ela fora contratada para um período de experiência no departamento de sinistros, e Léon era seu supervisor. Todos os ingredientes estavam ali para algo acontecer entre eles. Nora morava com a mãe e as três irmãs, o pai morrera anos antes em um acidente de trabalho na Bélgica, aonde viera para trabalhar antes de trazer toda a família. Os familiares tentaram casá-la várias vezes com um ou outro rapaz magrebino que ela não conhecia, filhos de amigos próximos, mas, criada na cultura ocidental, Nora nunca aceitou esse tipo de casamento, e ameaçou fugir se tentassem forçá-la. No país que adotou como seu, não lhe faltavam pretendentes, e ela já havia se apaixonado por um rapaz. O relacionamento durou alguns meses, depois acabou. Nora ficou abalada e decidiu que o próximo seria o certeiro.

E ali estava seu príncipe dos tempos modernos: 35 anos, sério, bonito, trabalhador, um homem que lhe ensinava uma profissão, um Pigmaleão. Não era casado nem tinha filhos, apenas uma companheira, o que não necessariamente indicava um relacionamento sério. Nora gostou de Léon e decidiu que ele seria o escolhido, algo que ele logo descobriria.

O escolhido chegou para trabalhar num dia como outro qualquer e logo se viu encurralado entre o amor que sentia por Nathalie e o sentimento que tinha por Nora. Não se pode amar duas pessoas ao mesmo tempo. Não que ele fosse incapaz disso, mas a situação era inviável. Então Nathalie descobriu tudo. Léon era inexperiente, não percebia detalhes que despertam suspeitas em algumas mulheres que conseguem, a cinco metros de distância, perceber um fio de cabelo preto em um paletó preto se esse cabelo não lhes pertence. Léon confessou, o que pôs fim aos dois relacionamentos, e percebeu, no momento da perda, que amava Nathalie muito mais do que imaginava. Depois de um tempo, eles voltaram. Já Nora mudou de departamento, e eles nunca mais se viram.

Mas não podemos afirmar que essa aventura tenha aumentado o desejo sexual de Nathalie. Para Léon, que aprendera a lição, se tratava de nunca mais ter um relacionamento extraconjugal. Ele entendeu que não tinha sido feito para aquele tipo de situação. Restavam as prostitutas. Léon foi de carro à famosa rua. Estacionou bem longe para não ser reconhecido, pois não poderia haver coisa pior. Decidiu explorar a pé aquela via pouco acolhedora, especialmente à noite, apesar de todos os letreiros luminosos. Esse tipo de local é sempre muito peculiar, seja em Paris, Londres ou Liège. Os carros circulam devagar, às vezes param, os homens se cruzam sem se cumprimentar, as mulheres nas vitrines dos estabelecimentos sorriem e chamam os clientes com o dedo, fala-se de dinheiro como se fosse para comprar carne no supermercado. Há mulheres muito bonitas de todas as etnias.

Quando eu ainda praticava medicina legal e geral, tratava de várias prostitutas em outro bairro da cidade. Véronique, por exemplo, um dia me ligou do trabalho porque estava com febre e um pouco de tosse. Ela me pediu uma visita domiciliar, que concordei em fazer. Não seria a primeira vez e eu havia me acostumado a circular entre seus clientes. Véronique era uma linda mulher de 23 anos que fazia muito sucesso. Naquele dia, estacionei em frente ao imóvel onde ela trabalhava, cuja vitrine tinha as cortinas fechadas, sinalizando que estava atendendo um cliente. Esperei até que um homem de mais de setenta anos, bastante maltratado pelo tempo, saiu. Pensei que ela precisava de bastante coragem em sua profissão. Entrei e cuidei de Véronique. Ela me pagou o preço da consulta, zombando de mim, como de costume, dizendo que eu ganhava muito pouco após tantos anos de estudo, ao passo que ela, sem nunca ter estudado, ganhava bem mais. Ela tinha razão! Quando saí de seu ponto, uma viatura estava passando, e os policiais, que me conheciam como médico-legista, obviamente me reconheceram — não somos tantos assim na profissão.

"Tudo bem aí, doutor?"

"Não é o que vocês estão pensando. Fui tratar uma moça."

"Sim, sim, todo mundo fala isso. Tenha um bom dia, doutor!"

Fiquei com cara de bobo, e Véronique, que tinha acompanhado toda a cena, dava risada. Às vezes, a gente se sente meio solitário.

Léon tinha feito sua escolha, mas foi tomado por uma necessidade urgente e procurou um lugar para se aliviar. Tarefa nada fácil em uma rua tão movimentada. Logo na entrada, avistou uma casa que parecia abandonada e poderia ser útil. Chegando lá, viu que a porta estava aberta, entrou e, graças à luz da rua, conseguiu ter uma boa visão do vestíbulo e do cômodo à direita, que devia ser a sala de estar, tão repleta de objetos que era impossível entrar. Ao lado da porta de entrada, escondido de todos os olhares, encontrou o lugar certo. Léon se posicionou, abriu o zíper, afastou a cueca e começou a se aliviar, até que viu, no chão, sob a luz fraca que entrava pela janela, um rosto olhando para ele. Assustado, gritou e saiu correndo da casa, com tudo à mostra, bem na hora em que passava uma viatura da polícia. Foi assim que Léon encontrou o sr. Schlitz, e foi assim que provavelmente pensou que estava amaldiçoado. Não sei se um dia ele voltou lá.

O corpo estava na nossa frente, nos encarando com seus globos oculares vazios, a boca aberta, deitado no chão. Estava completamente nu, tinha a cabeça apoiada em um balde e a perna esquerda sobre outro, quase imperceptível no meio de todo o lixo que enchia o cômodo. É impressionante que ninguém o tivesse visto antes. O corpo estava mumificado.

Dadas as circunstâncias um tanto peculiares, o juiz de instrução me chamou para realizar a autópsia. Era minha primeira vez autopsiando uma múmia. Fiz com que o corpo fosse levado para o IML. Philippe Gilon era um jovem inspetor da polícia judiciária na época e vai se lembrar disso por muito tempo. Ele chamou os serviços funerários locais para transportar o corpo até o IML, e eles chegaram com um carro fúnebre todo envidraçado. Quando colocaram o corpo do sr. Schlitz no caixão, a perna esquerda ficou para fora, já que estivera apoiada em um balde. É só empurrá-la, qualquer um diria. Poderíamos fazer isso com um cadáver, mas não com uma múmia. A mumificação é um processo que ocorre pela desidratação dos tecidos. Todo o membro inferior estava desidratado, portanto era impossível movimentá-lo, a menos que fosse cortado, o que não fizemos, é claro. Assim, o corpo atravessou a cidade com o joelho à mostra na janela do carro fúnebre.

Uma vez em minha mesa, comecei a fazer radiografias em busca de um possível projétil, embora não tivesse visto nenhum orifício, e de alguma fratura, embora ele não apresentasse deformações. Continuei o exame pelas costas, que não tive dificuldade de autopsiar porque ela não existia mais. O corpo foi encontrado deitado de costas, o que significa que estava em contato direto com o solo, mantendo ali certo nível de umidade; toda a pele até as costelas se decompusera, portanto, deixando a caixa torácica e a coluna vertebral bem visíveis. Pude presumir que o interior do corpo estava vazio, já que não vi mais nenhum conteúdo na caixa torácica.

Então virei o corpo e tentei abri-lo. Já é necessária uma força descomunal para abrir um corpo em uma autópsia padrão, na qual fazemos uma incisão mediana, separamos os tecidos e os dobramos para fora, mas era absolutamente impossível fazer isso naquele caso, devido à mumificação que deixara todos os tecidos desidratados e duros como pedra. Optei então por cortar o revestimento cutâneo em blocos. Não foi simples. Quebrei várias lâminas antes de cogitar a serra de gesso, muito mais eficaz que um bisturi naquelas condições. Abri o tórax e confirmei minhas suspeitas: não havia mais conteúdo. Depois abri o abdômen, onde encontrei apenas alguns aglomerados de tecido desidratado em torno do fígado e de um dos rins. Todo o restante havia desaparecido, liquefeito pela putrefação. Na abertura da caixa craniana, o mesmo espetáculo me aguardava — havia apenas alguns resíduos ressecados das meninges.

Onde tinham ido parar os órgãos? Os antigos egípcios sabiam muito bem: para conservar um corpo é preciso remover seus órgãos, pois o alto teor de líquidos impede a mumificação. Eles retiravam os órgãos do morto e os colocavam em "vasos canópicos". Até o cérebro era retirado, pelo nariz, quebrando-se a lâmina perfurada do osso etmoide que dá acesso direto à caixa craniana. Eles o liquefaziam e depois o removiam com pequenos ganchos. Em seguida, desidratavam o corpo, agora desprovido de órgãos internos, lavando-o com uma solução de natrão, e depois o envolviam em faixas de linho.

A autópsia, portanto, não revelou nada relevante do ponto de vista judicial. Poderia ter sido uma morte natural, mas devido ao estado de decomposição do corpo, não pude ser preciso. Embora não tivesse encontrado nenhuma evidência suspeita, a decomposição era tal que eu certamente não descobriria certas causas de morte, como estrangulamento ou envenenamento, se fossem o caso.

Restava avaliar o momento da morte. No caso de um corpo mumificado, a única maneira é recorrer ao estudo dos insetos presentes no corpo — em outras palavras, à entomologia forense. Mais uma vez contamos com o dr. Marcel Leclercq, entomologista de renome mundial, que traçou a evolução dos diferentes insetos encontrados no corpo e datou o momento da morte em 547 dias antes de sua descoberta, ou seja, um ano e 182 dias.

Essa foi a múmia mais bonita de toda a minha carreira, as fotografias de sua autópsia ainda ilustram meu curso de tanatologia médico-legal.

Falando em múmias, vamos fazer uma breve viagem até Palermo, na Sicília, à Piazza Cappuccini, nas Catacumbas dos Capuchinhos. Ao sul de Palermo, no final do século XVI, os monges capuchinhos tiveram que esvaziar seu cemitério e, consequentemente, exumaram os corpos de seus irmãos para enterrá-los em outro lugar. Assim, descobriram que 45 corpos exumados não estavam decompostos, mas mumificados.

Os monges interpretaram isso como intervenção divina, embora hoje saibamos que essa mumificação se deveu à ação do solo com muito calcário do local de sepultamento. Às vezes lamento que tudo possa ser explicado racionalmente. As múmias foram postas em exposição e os monges começaram a pesquisar técnicas de mumificação. Eles desenvolveram uma técnica na qual o corpo era colocado sobre uma grade em uma câmara de dessecação, acima de água corrente, para facilitar a circulação do ar, por um período que poderia chegar a oito meses. Depois o corpo era lavado com vinagre e vestido pela família, que tinha a responsabilidade de cuidar das roupas do falecido. A família também se encarregava de renovar o vestuário durante o Dia de Finados. Os nichos e alcovas onde essas múmias eram colocadas eram vendidos antecipadamente para aqueles que desejavam ser expostos, e não era raro que o futuro morto experimentasse o local para verificar se ficaria bem instalado após a morte. O sucesso foi tanto que a cripta foi ampliada, e os mortos foram dispostos por classe e até profissões. É possível visitar a galeria dos padres, dos irmãos, dos profissionais liberais etc., e a galeria das moças que morreram virgens. Há pelo menos 8 mil corpos nessas catacumbas.

Ao que tudo indica, esses 8 mil mortos buscavam uma maneira de enganar a morte. No século XIX, embora uma lei tenha proibido essa prática, ainda houve alguns casos, como o da menininha falecida aos dois anos, em 1920, que teve o corpo particularmente bem conservado.

De modo geral, nunca hesite em visitar um monastério ou um antigo mosteiro capuchinho, você corre o risco de não se decepcionar.

Morte na fazenda

Quem não viu os filmes *Hannibal* e *Rambo*, em que porcos atacam e devoram seres humanos? A gente pensa que é apenas coisa de filme, que os roteiristas inventaram e distorceram a realidade para tornar a obra mais impactante, mas...

"Alô, doutor? Um fazendeiro supostamente jogou a esposa aos porcos. O que fazemos?"

Ainda que tenhamos anos de experiência nesse ofício, a ponto de nos considerar preparados para tudo, algumas ligações são inesquecíveis, e essa foi uma delas.

Dois fazendeiros, que chamaremos de Jean e Joseph, não se davam bem. Disputavam as terras com raiva e ódio tremendos. Eles eram vizinhos, e conseguiam espiar um ao outro da encosta de uma colina. Joseph não perdia a chance de fazer isso, até o dia em que viu Jean carregando o corpo de uma mulher e atirando-o no chiqueiro. Ele avisou a polícia na mesma hora.

Jean era conhecido da polícia local. Já tinha apresentado distúrbios psíquicos e sido acompanhado por um psiquiatra, e ameaçara de forma agressiva passantes que registraram queixa na polícia. Enfim, Jean não era flor que se cheirasse.

Jeanne, esposa de Jean, estava desaparecida. Ela não dirigia, aliás, nem tinha carteira de motorista, então não podia ter saído de carro. Não tinha viajado, pois seu documento de identidade ainda estava em casa. No chiqueiro, não havia fragmentos corporais, sangue, roupas, nada. Depois de vasculhar o local, os policiais inspecionaram a casa e não descobriram sinais de luta nem de sangue. Se Joseph não tivesse dado o alerta, teríamos procurado Jeanne em vão por anos.

Mas onde estava Jeanne? Jean se mantinha em silêncio, não dizia nada além de murmúrios completamente incompreensíveis, e parecia tão perdido que solicitei que ficasse a cargo dos serviços médicos, fosse levado ao hospital e observado no setor de psiquiatria.

Ao telefone, depois de descrever a situação que o deixara tão surpreso quanto eu, o procurador substituto, que nunca se deparara com algo parecido, me perguntou o que fazer. Sabendo que o tempo entre o conhecimento dos fatos pela polícia e meu chamado ao Ministério Público era de cerca de uma a duas horas, como naquele caso, pedi ao procurador para abater o maior dos porcos imediatamente.

O abate interromperia a digestão do animal, o que me permitiria encontrar algo em seu estômago que pudesse identificar a vítima, e até a causa da morte. Como não tínhamos tempo para esperar a chegada de um veterinário para sedar o porco e fazer uma lavagem gástrica para recuperar o conteúdo do estômago, o abate foi necessário. E teria de ser o maior porco, quanto a isso não havia mistério. Era, portanto, no maior porco que eu tinha mais chances de encontrar fragmentos de Jeanne, e em maior quantidade.

Os policiais não ficaram muito entusiasmados com a ideia de abater o porco, o que era compreensível, mas mudaram de opinião quando expliquei que ou fazíamos isso ou teríamos de vasculhar as fezes do animal no dia seguinte em busca dos dentes e dos cabelos de Jeanne, únicos elementos que os porcos não conseguem digerir. Com base nesses vestígios, seria possível fazer uma identificação genética, absolutamente necessária. Por sorte, entre os colegas da polícia havia um antigo abatedor de gado que prontamente se ofereceu para matar o animal e liberar os colegas dessa tarefa.

No caminho, liguei para um veterinário, Philippe Schutters. Anos depois, ele ainda se lembrava desse telefonema em que lhe perguntei onde ficava o estômago de um porco, e que me rendeu a resposta: "No mesmo lugar que o dos humanos", o que simplificava bastante as coisas.

Quando chegamos, havia certa efervescência no local. Os porcos sobreviventes haviam sido movidos para outro chiqueiro, deixando o companheiro morto no chiqueiro original, que se tornara uma cena de crime. O laboratório fez algumas coletas e me deu o sinal verde.

Abri o estômago do animal e encontrei muitos fragmentos, os maiores com cerca de três a cinco centímetros cúbicos. Impossível identificar se eram humanos ou não. Coletei-os para análise de DNA. Como eram escassos, não pude saber se a vítima fora atirada aos porcos morta ou viva, nem mesmo do que morrera.

O laboratório inspecionou toda a casa e, assim como os policiais, não encontrou nada que fornecesse pistas sobre o que teria acontecido. O mistério permaneceu e, como estamos na realidade e não na ficção, assim permanecerá.

Algum tempo depois, Jean saiu de seu torpor graças aos cuidados psiquiátricos e afirmou que, depois de ter encontrado Jeanne morta, atirou o corpo aos porcos, sem entretanto conseguir explicar o motivo.

Fui chamado por um juiz de instrução, junto com um psiquiatra, para revisar o prontuário médico de Jean e avaliar a credibilidade de suas declarações. Era evidente que ele apresentava um distúrbio psíquico grave, qualificado como surto delirante agudo no momento da admissão no hospital, do qual se recuperara com rapidez e que poderia justificar seu comportamento tão peculiar.

A dúvida persistia, claro, e nosso relatório, dado o cuidado com que foi redigido, não convenceu ninguém. E Jean, em particular, também não convenceu nem os policiais nem o procurador.

Alguns dias depois, o laboratório de DNA confirmou que os fragmentos coletados no estômago do porco eram de Jeanne. O caso terminava por falta de provas, pois eu não podia determinar a causa da morte e o exame do local não revelara nada suspeito. Eu não tinha como afirmar se ela estava viva quando Jean a jogou aos porcos, e o comportamento dele podia ser explicado por um surto delirante agudo do qual estava curado.

É um caso muito frustrante, porque, no fim, nada de conclusivo foi descoberto além do fato de que o corpo de Jeanne foi realmente devorado por porcos. Apesar do gosto amargo deixado por essa história, pela falta de respostas definitivas da medicina legal, que chegou ao limite de suas capacidades, eu a admiro por seu caráter peculiar, que a torna única.

Mas não pense que os casos com animais se limitem a porcos! Muitos outros também entram em cena, como javalis, cães, gatos e ratos, para citar os mais comuns. Os javalis atacam principalmente quando as pessoas já estão mortas, os corpos abandonados em uma floresta. Em geral, encontramos o esqueleto espalhado por uma ampla área, como um quebra-cabeça, o que demonstra que os javalis pegam pedaços do corpo para comê-los sozinhos, longe dos outros. Alguns cães não ficam atrás, como frequentemente vemos na televisão, seja porque atacam outros animais, seja porque atacam humanos. Uma senhora de sessenta anos estava alimentando o cachorro pitbull de seu filho quando o animal saltou em seu pescoço e a devorou. A cabeça foi encontrada separada do corpo e uma das vértebras cervicais nunca foi localizada.

Quando os tutores morrem, alguns cães sofrem imenso estresse, como mostra a seguinte história. Um homem morreu fazendo jardinagem ao lado de seus dois cães dobermans. Depois de várias horas de ausência, a esposa saiu à procura do marido, que não respondia. Ela o encontrou desacordado ao lado da horta e chamou os socorristas, que constataram o óbito e... a ausência das mãos. Surpreso com essa descoberta, o procurador substituto me pediu para examinar o corpo e encontrar uma explicação. No exame, pude determinar que a dupla amputação ocorrera post mortem e, como não identifiquei outra causa para seu desaparecimento além do fato de os cães as terem comido, um veterinário foi chamado pelo magistrado, que nos explicou que alguns cães reagem dessa maneira quando não conseguem acordar seus tutores.

Os gatos também atacam corpos mortos, mastigando as áreas cartilaginosas como orelhas e nariz. Mas nunca causam danos maiores, e preferem morrer de fome a comer carne humana.

Resta falar... dos ratos. Eles estão por toda parte, especialmente onde há atividade humana, em busca dos resíduos que geramos, que lhes fornecem uma reserva incrível de alimento. Eles começam a atacar o cadáver geralmente pelo pescoço, logo acima do esterno, e penetram na cavidade torácica.

Certo dia, enquanto examinava um corpo com um buraco, vi um rato sair em disparada e fugir pela sala de autópsia, provocando muitos gritos ao longo do trajeto e o desmaio da estagiária que me acompanhava. Nunca o encontramos, e tive que colocar veneno de rato em todo o prédio para ter certeza de que morreria, caso ele continuasse por lá. Eu não queria que ele atacasse os outros corpos que conservávamos.

O homem que queria morrer

Florent estava decidido, queria acabar com a própria vida. Não por impulso ou capricho, era algo refletido, pensado, mensurado. Estava na casa dos sessenta anos, sua carreira se encerrara devido a uma reestruturação da empresa dois anos antes, os filhos estavam estabelecidos e, depois de trinta anos de casamento, o amor acabara, dando lugar ao hábito. Ele sentia que a vida chegara ao fim porque não tinha mais propósito, nem objetivo. Ele tivera tudo: esposa, casa, filhos, um trabalho de que gostava, e agora não tinha mais nada. Em sua lógica implacável de engenheiro, isso significava que o fim estava próximo.

SETE DIAS PARA O DIA D

Para os familiares que o viam definhar, Florent parecia melhor, embora ninguém entendesse o motivo. Na verdade, Florent estava melhor porque tomara uma decisão. Ele foi à prefeitura se registrar como doador de órgãos. A recepcionista o parabenizou pela escolha, que só se realizaria "o mais tarde possível, senhor". Florent, porém, já sabia o dia e até a hora, mas não disse nada.

SEIS DIAS PARA O DIA D

Foi ao cartório registrar o testamento. Tudo ficaria para Paulette, a esposa. Ele não se sentia apaixonado havia muitos anos, mas ela se tornara uma amiga, uma companheira sempre presente, e ele queria que tudo ficasse para ela.

CINCO DIAS PARA O DIA D

Foi à funerária escolher o caixão, um belo esquife de madeira clara, sem adornos e, sobretudo, sem crucifixo: Florent era ateu convicto. Pagou pelo caixão e pelo enterro.

QUATRO DIAS PARA O DIA D

Foi ao clínico geral. Para que fazer um check-up quando se sabe que vai morrer na semana seguinte? Boa pergunta. Mas a consulta estava marcada fazia tempo, uma visita de rotina para verificar sua condição cardíaca. Florent colocara um marcapasso alguns anos antes, pois suas aurículas não se contraíam mais, fibrilavam, e essa fibrilação auricular poderia levar à formação de coágulos sanguíneos e uma consequente embolia pulmonar ou um AVC.

O médico o conhecia havia trinta anos, Florent fora um de seus primeiros pacientes. Não se viam com frequência, pois Florent sempre fora saudável, a não ser por aquela pequena fragilidade cardíaca. Na sala de espera, Florent viu um pequeno cartaz: "Pensando em suicídio? Fale com seu médico". Ele esperou pacientemente sua vez. Todos sabem que os médicos sempre atrasam e, no consultório do dr. Paul, o paciente fazia jus ao nome, pois era preciso ser muito paciente. Florent não se queixou, ele ainda tinha um médico generalista numa época em que eles se tornavam cada vez mais raros, principalmente depois que o governo decidira limitar o acesso à profissão, seguindo a lógica de que reduzir o número de médicos reduziria o número de doentes, algo tão idiota quanto achar que reduzir o número de coveiros reduziria o número de mortes. É o tipo de decisão governamental que, por sua estupidez, convencia Florent de que não valia mais a pena votar em um bando de imbecis que sacrificavam a saúde das pessoas em benefício do Estado, quando deveria ser exatamente o contrário.

O dr. Paul o chamou para entrar no consultório. Florent se despiu, como de costume, e o médico o examinou.

"Nenhum problema. Está tudo bem?"

"Sim, doutor, tudo bem."

"E seus pensamentos sombrios?"

"Estão muito melhores, doutor, desde que o senhor me deu aquele remédio."

Florent começara a se medicar, mas logo parara, pois se sentia mais fraco, o que nunca dissera ao dr. Paul.

"Na terça-feira, o senhor receberá uma ligação por minha causa por volta das oito horas. Acho que não antes disso, doutor", avisou Florent.

"Ah, é? Obrigado por avisar, mas por qual motivo o senhor me ligará?"

"Não serei eu, doutor. Será minha esposa, o senhor verá."

"Nada grave?"

"Nada vital."

O médico não insistiu, tinha outros pacientes para ver e, conhecendo Florent tão bem, sabia que não diria mais nada.

"Bem, então até terça de manhã."

"É isso mesmo, doutor, até terça."

DOIS DIAS PARA O DIA D

Paulette reuniu toda a família, como sempre fazia aos domingos. Estava feliz que Florent estivesse sorrindo, algo que não acontecia havia muito tempo. Ele brincou com os netos, quatro crianças que o chamavam de vovô. Tudo correu muito bem. Na hora das despedidas, não sabiam que aquele era o adeus de Florent, que os abraçava com força.

DIA D

Às 9h30, o telefone tocou. Eu estava de plantão.

"Alô, doutor? Temos um morto um tanto especial, gostaria que o senhor o visse."

Peguei o carro. O local ficava a vinte minutos de distância, então eu chegaria rápido. Na rua em questão, procurei a viatura da polícia, como sempre. Estacionei, me aproximei da porta, e um policial se apresentou e me conduziu à garagem onde estava o corpo de Florent. Eu nunca tinha visto uma garagem tão limpa: nenhuma mancha no chão de concreto liso, todas as ferramentas perfeitamente guardadas em seus lugares, cada uma encaixada à frente de seu contorno na parede. Pensei que o morto devia ser um homem muito organizado, talvez um pouco psicorrígido.

Florent estava deitado no chão sobre um cobertor, os membros ao longo do corpo. A esposa o encontrara naquela posição e não tocara em nada. Paulette contou que Florent levantara por volta das cinco horas para ir ao banheiro, como de costume. Sua próstata começava a lhe causar alguns problemas, motivo pelo qual ele evitava beber demais à noite. Paulette voltou a dormir e, ao acordar, constatou que Florent não retornara para a cama, o que era bastante incomum. Ela o procurou, chamando por ele sem obter resposta. O carro não estava na garagem, ele o havia deixado na entrada na noite anterior, e o veículo ainda estava lá, assim como o paletó de Florent com todos os documentos. Se não havia saído, ainda devia estar em casa. Paulette continuou a procurar, agora com certa preocupação. O que poderia ter acontecido para que ele não respondesse? Ao entrar na garagem, que também servia de oficina, onde ele guardava as ferramentas e fazia pequenos trabalhos, ela o encontrou desacordado. Paulette ligou imediatamente para o dr. Paul. Era terça-feira, 8h10 da manhã.

O dr. Paul chegou e, sem tocar muito no corpo, atestou que Florent estava de fato morto, provavelmente havia várias horas. A conversa que haviam tido quatro dias antes começou a fazer sentido, um sentido que ele infelizmente não poderia ter adivinhado. E mesmo que tivesse, o que poderia ter feito? Quando alguém está tão determinado, nada é capaz de impedir que alcance seus objetivos. O dr. Paul redigiu o atestado de óbito e chamou a polícia, já que evidentemente se tratava de suicídio. Ele os esperou com Paulette, para consolá-la.

Ao lado do corpo, havia papéis bem organizados: a cópia do testamento registrado em cartório, o documento autorizando a doação de órgãos e o contrato assinado com a funerária cinco dias antes. Estava tudo arranjado, não era preciso procurar nada.

Paulette não entendia. Ele parecia melhor na última semana, tinha até voltado a sorrir. O dr. Paul explicou que isso não é incomum antes de um suicídio: depois que a pessoa decide acabar com tudo, ela se sente melhor, aliviada de ter tomado uma decisão de morrer.

Tudo se esclareceu para Paulette: a maneira tão calorosa de Florent se despedir dos filhos e dos netos e a mudança de humor ocorrida cerca de uma semana antes — que a havia deixado tão feliz — na verdade anunciavam o fim. Como sempre acontece nesses casos, as pessoas se culpam por não terem percebido nada, por não terem entendido. Paulette se culpava. Mas como poderia adivinhar? Ninguém notou. Ela culpava Florent por todo o sofrimento que ele lhe trazia.

Ao lado do corpo, também havia uma caixa de primeiros socorros aberta, um alicate de corte, uma seringa vazia, uma agulha e um estilete. O alicate não apresentava nenhuma particularidade; o estilete, por outro lado, mostrava vestígios de sangue e de um líquido gorduroso como o dos meus bisturis de autópsia depois de usados para abrir a pele.

Florent estava vestindo uma calça de pijama e pantufas. A parte de cima do pijama se encontrava dobrada ao lado dele. Estava sem camisa. Comecei o exame pela cabeça, como de costume, e notei as marcas habituais da asfixia: cianose, a cor azulada bem marcada no rosto por causa do excesso de CO_2 no sangue, e petéquias nas pálpebras, diminutos pontos vermelhos produzidos por pequenas veias que se rompem sob a pressão do sangue acumulado que não consegue retornar ao coração.

Na região do pescoço, notei marcas que sugeriam a presença de uma corda, objeto que não encontrei nem no pescoço nem perto do corpo. Os policiais começaram a procurar a corda e perguntaram a Paulette se ela sabia onde poderia estar, se lembrava de tê-la retirado do pescoço de Florent, talvez num reflexo. Ela a colocara sobre a bancada. Era, na verdade, um garrote de borracha, do tipo usado no braço para fazer coleta de sangue. Fora retirada da caixa de primeiros socorros que estava ao lado de Florent. Essa caixa já estava ali quando Paulette encontrou o corpo, não havia sido trazida nem por ela nem pelo dr. Paul.

Chegando ao tórax, descobri um corte de cinco centímetros de comprimento que deixava à mostra o cabo do marcapasso. O corte tinha sido feito por um instrumento cortante como o estilete ao lado do corpo e cuja lâmina podia ter se sujado ao realizar aquele corte no tórax. O cabo fora visivelmente "remexido", pois encontrei vestígios de secção parcial. Alguém tentara cortá-lo sem sucesso.

Ao examinar os membros superiores, notei uma marca de injeção na dobra do cotovelo esquerdo que parecia inchada e, visivelmente, não era um hematoma. Ao apalpar essa região, senti um crepitar. Era ar. Havia ar sob a pele. Ele só podia ter chegado lá por meio de uma injeção com uma seringa cheia de ar.

O corpo não apresentava nenhuma outra lesão, então pude começar a interpretar o que havia observado para descobrir o que acontecera. Acredito que, num primeiro momento, Florent tenha tentado cortar o cabo do marcapasso para provocar uma arritmia cardíaca que o mataria. Era uma ideia, mas, se o marcapasso tivesse sido colocado para combater uma fibrilação auricular, ele teria que esperar meses, até anos, para que um coágulo se formasse e causasse um eventual AVC, e que poderia ainda não ser fatal. Em resumo, a ideia não era boa, sobretudo porque os cabos do marcapasso são extremamente resistentes e, mesmo com um bom alicate de corte, é preciso muita força para conseguir rompê--los. Ele não conseguiu e desistiu.

Em um segundo momento, Florent tentou injetar ar nas veias para provocar uma embolia gasosa. Para isso, usou o garrote da caixa de primeiros socorros para bloquear o retorno venoso do antebraço, encheu uma seringa com ar, colocou a agulha na seringa e tentou perfurar uma veia na dobra do cotovelo para injetar todo o ar. Mas Florent não encontrou a veia e injetou o ar na região subcutânea, criando o que chamamos de enfisema subcutâneo, que detectei ao apalpar a região.

Mesmo assim, se tivesse encontrado a veia e injetado ar, ele não teria morrido, pois uma seringa de cinco mililitros é muito pequena para causar uma embolia suficientemente grande para levar à morte.

Por fim, em desespero, ele usou o garrote de borracha no pescoço, apertando-o e fixando-o com um nó. Dessa forma, criou uma asfixia por estrangulamento, causando a cianose e as petéquias que observei.

Ao que tudo indicava, Florent estava realmente decidido a morrer.

"Alô, doutor? Poderia vir à rua tal ver o corpo da sra. fulana? Ela se enforcou, mas encontramos marcas estranhas."

Isso significava que o clínico geral chamado ao local estava um pouco perdido em relação ao que via. E ele acertara em não se precipitar. Quando não sabemos, é melhor admitir; não há vergonha nisso, é sinal de inteligência.

Eu estava habituado a ir ao bairro onde morava a família da falecida, pois ela era a terceira parente a se suicidar em três semanas. Naquele ritmo, logo não restaria mais ninguém.

Como sempre, localizei a viatura, estacionei e um policial veio ao meu encontro. Vale dizer que meu carro é bem conhecido pelas forças de segurança na região. Quando preciso trocar de veículo, a cada quatro anos, eles ficam bastante confusos.

"É o senhor, doutor?"

"Sim, sim. Não se preocupe, só troquei de carro."

"Ah, que susto!"

Susto por quê? Eu deveria perguntar.

O policial me explicou como o corpo havia sido encontrado. É quase sempre a mesma coisa. A pessoa não atende a ligações, alguém se preocupa, chama a polícia para abrir a casa, fazem uma revista e o corpo é encontrado. No caso de Martine, seu corpo estava no porão, pendurado em um cano do teto, em um enforcamento incompleto, pois os pés tocavam o chão. Os pés se encontravam sobre um pano de prato que ainda estava um pouco úmido. Perto, dois fios elétricos desencapados balançavam no ar.

Martine usava uma blusa branca com manchas de sangue na parte anterior esquerda, a região do coração. O restante das roupas não estava danificado. Como de costume, aproveitei a posição para despir o corpo, depois o desamarrei e o coloquei no chão com toda a delicadeza. Ali, terminei de despi-lo, removendo a blusa.

O exame mostrou, como em Florent, cianose e petéquias pelas mesmas razões, e a corda deixara uma bela marca no pescoço, o sulco clássico dos enforcamentos, oblíquo para trás e interrompido na altura da nuca. Nada de anormal.

O restante do exame revelou lesões peculiares, um total de cinco, em semicírculo, abrasivas, de dois a sete centímetros de comprimento, na região cardíaca, além de duas perfurações de seis milímetros de diâmetro na região anterior esquerda do tórax.

Era tudo tão peculiar que uma autópsia se fez necessária para confirmar, por sinais internos, a asfixia que a cianose e as petéquias sugeriam. Em seguida, me voltei aos dois furos de seis milímetros de diâmetro. Tinham as bordas um pouco abertas, não nítidas, cercadas por algo que parecia uma gola erosiva como eu nunca vira, muito ensanguentada. Os furos haviam passado da pele, penetrando os músculos torácicos e, enquanto um deles parara ao tocar uma costela que não se quebrou, apenas foi arranhada, o outro passou por um espaço intercostal e perfurou e rasgou o lobo inferior do pulmão esquerdo. A cavidade pleural estava quase seca, não havia sangramento significativo, mas apresentava um pneumotórax de pouca importância. O ar entrara um pouco pelo furo que conectava o exterior à cavidade pleural. Enfim, nada que justificasse um óbito. A asfixia era a única explicação plausível. E não havia causa para a origem daqueles furos. Eles não podiam ter sido feitos por um projétil nem por um instrumento perfurante clássico, que não deixava aquele tipo de lesão. Naquele primeiro momento, minhas constatações foram até esse ponto.

Também notei pequenas queimaduras retilíneas nas palmas das mãos, que não me lembravam nada específico, então fiz uma coleta para observá-las ao microscópio. Terminei a autópsia, mas algumas perguntas persistiam: de onde vinham as marcas de perfuração torácica e o que podia ter causado as queimaduras na palma das mãos?

A primeira resposta chegou naquele mesmo dia. Enquanto eu realizava a autópsia, os policiais conduziam uma busca na casa de Martine e, no armário de roupas, encontraram uma caixa de brocas de furadeira. Eles ficaram surpresos, pois não era um lugar comum para guardar aquele tipo de ferramenta. Abriram a caixa e notaram que havia vestígios de sangue em uma das brocas.

Eu nunca teria pensado naquilo. Martine tentara perfurar o próprio tórax, provavelmente para atingir o coração, mas não conseguira. Ela não estava na altura correta e a penetração deve ter doído demais, especialmente depois de a broca tocar uma costela, causando uma dor aguda que a levara a parar. Além disso, a broca deslizara cinco vezes sobre a pele sem a penetrar, causando aquelas marcas que eu nunca tinha visto antes e que, a propósito, nunca vi novamente. O incrível é que ela também tenha pensado em guardar a furadeira e colocar a broca de volta no armário.

A segunda resposta me saltou aos olhos quando coloquei as amostras no microscópio. As células cutâneas coletadas mostravam um aspecto típico de eletrocussão. Lembrei-me então dos pequenos detalhes que observara sem entender imediatamente: os dois fios elétricos desencapados próximos ao corpo e o pano úmido embaixo dos pés. Martine tentara se eletrocutar, segurando os fios elétricos nas mãos e pisando com os pés descalços no pano úmido. Claramente, não funcionou, ela deve ter queimado os fusíveis e nada mais.

Em que ordem ela realizou esses atos? Não sei dizer, mas o último sem dúvida foi o enforcamento, não é preciso ser médico-legista para saber.

A imaginação humana é praticamente infinita. Entre os casos mais surpreendentes que encontrei, descreverei ainda três, realmente excepcionais.

Um jovem de vinte anos, estudante de física, arquitetou o próprio enforcamento numa viga da sala com fios elétricos desencapados presos aos pulsos e ligados a um interruptor que ele segurava nas mãos. Quando acionou o interruptor, a corrente elétrica passou e o eletrocutou, fazendo-o perder a consciência e enforcar-se. Ele também havia modificado o sistema elétrico para que os fusíveis não queimassem.

Foi o que fez também um estudante de elétrica, que combinou enforcamento e eletrocussão por meio de um sistema engenhoso que consistia em separar os dois fios de um cabo e conectá-los a placas metálicas. Havia duas delas, uma para cada fio, dispostas de cada lado do corpo: uma no tórax, na altura do coração, e outra nas costas. Quando a corrente elétrica passou, criando um choque que afetou a atividade elétrica cardíaca, ele se enforcou.

O terceiro caso também é absolutamente excepcional. Era um jovem que sofria de transtorno mental grave e que decidiu dar fim a seus dias, mas ele queria que a morte o surpreendesse durante o sono. Como tinha tido aulas de eletricidade e sabia que os homens têm ereções noturnas, criou um sistema muito engenhoso, montado em seu pênis, que permitiu que, durante o sono, ao ter uma ereção, a corrente elétrica passasse e o eletrocutasse.

É o que eu disse: a imaginação humana é quase infinita.

O enforcado não enforcado

Em 1897, o eminente sociólogo Émile Durkheim escreveu em *O suicídio* que "toda sociedade produz seu contingente anual de suicídios". Ele estava certo. A cada ano, o número de suicidas varia muito pouco, assim como a maneira de se suicidar. O enforcamento é mais comum entre os homens, enquanto a ingestão de medicamentos é mais comum entre as mulheres.

Todo médico-legista está acostumado a ver suicídios, que são inclusive seu pão de cada dia. Esse tipo de morte é muito importante para o legista, pois quanto mais suicídios analisamos, mais nos tornamos capazes de perceber um assassinato disfarçado de suicídio, às vezes por pequenos detalhes.

Philippe e Nathalie estavam casados havia anos e, na opinião dos vizinhos, viviam uma felicidade perfeita e inabalável. Eles moravam em uma pequena casa à beira do canal, e todos os dias acompanhavam a passagem das barcas e demais embarcações. Philippe gostava muito da vista, que o acalmava e divertia. Quando olhava para os barcos, se sentia uma vaca atolada observando o horizonte, mas não se importava, gostava daquilo mesmo assim. Philippe trabalhava no transporte público, no atendimento ao consumidor. Ao longo do dia, ouvia, via e falava com pessoas que reclamavam: meu cartão não está funcionando, o motorista do ônibus foi desagradável, uma freada brusca me fez cair etc. Então, observar os barcos o acalmava depois da jornada de trabalho.

Certa vez, quando Philippe chegou em casa, não encontrou Nathalie — algo que acontecia eventualmente. Naquele dia, ele estava chegando mais cedo para compensar algumas horas extras que seu chefe não queria pagar. A casa estava limpa e a geladeira, cheia. Visivelmente, Nathalie já fizera as compras. Ela era contadora e trabalhava para uma pequena empresa que crescera rápido demais, vítima do próprio sucesso. A empresa permitia trabalho remoto em alguns dias da semana, porque já não tinha espaço suficiente e não planejava investir numa expansão naquele momento. O dono queria primeiro ter certeza de que o sucesso não murcharia.

Quando Nathalie apareceu, ficou surpresa ao ver Philippe sentado na varanda observando os barcos, com uma taça de vinho tinto na mão, como sempre. Ela estava toda arrumada. Algo estranho para quem trabalhava em casa, mas, bem, ela era vaidosa e Philippe gostava disso. Da varanda, Philippe viu os vizinhos e acenou para eles, que corresponderam ao gesto. Era a última vez que eles veriam Philippe com vida.

Philippe morreu. Nathalie o descobriu morto ao acordar pela manhã e ligou imediatamente para o serviço de emergência que, chegando ao local, constatou que o homem estava rígido e apresentava todos os sinais de morte. Como era seu dever, os socorristas não tocaram em nada e o deixaram pendurado.

A partir do momento em que não há nada a fazer pela vítima, é crucial não fazer nada. Quantas vezes vi cenas de crime completamente destruídas pela interferência dos socorristas? Que fique claro que não tenho nenhum problema com os cuidados que devem ser prestados a uma pessoa viva ou que tenha chances de ser reanimada, mas qual o sentido de colocar eletrodos e levantar as roupas de uma vítima de tiro com arma de caça que teve o cérebro projetado a mais de dois metros de distância? Ninguém vive sem cérebro. Mas, aparentemente, nem todo mundo sabe disso.

Certa vez, um socorrista não encontrou nada melhor para fazer em uma cena de crime com arma de fogo e decidiu coletar todas as cápsulas com suas grandes mãos cheias de dedos. Tudo se perdeu, tanto as impressões digitais que poderiam estar nas cápsulas quanto a posição do atirador, que elas talvez pudessem indicar pelo local onde haviam caído.

"Alô, doutor? Tenho um enforcamento para o senhor. Nada de especial, mas por desencargo de consciência gostaria que fosse ver a vítima."

Era mais do que um simples desencargo de consciência, porque, na época, havia uma diretriz da Promotoria que exigia que todos os suicidas passassem por um médico-legista, mesmo que não houvesse nada de especial. É verdade que examinamos muitos suicidas "por nada", mas, na verdade, nunca é realmente por nada. Examiná-los tem um duplo propósito: evitar que um assassinato passe despercebido e tranquilizar os familiares quanto à causa da morte. Às vezes os parentes não conseguem aceitar o suicídio de um ente querido e precisam ser acalmados, estamos aqui para isso também.

Chegando ao local, admirei a vista magnífica do canal ladeado de árvores. Depois avistei a casa, muito bem cuidada, e desci ao porão onde estava o corpo. Philippe se encontrava em enforcamento incompleto, o que significava que uma parte do corpo ainda tocava o chão ou um objeto de apoio. No caso dele, os pés tocavam o chão e os joelhos estavam dobrados.

O enforcamento incompleto é encontrado em mais de 90% dos casos de suicídio, o que parece incompreensível para a maioria das pessoas. Afinal, temos um instinto de sobrevivência: ao se sentir sufocar, bastaria esticar as pernas para se salvar. Isso é verdade, mas não totalmente. Quando o cérebro é privado de oxigênio devido à parada circulatória provocada pela pressão da corda no pescoço e, portanto, das artérias carótidas que levam sangue da aorta para o cérebro, as áreas cerebrais param de funcionar progressivamente. A pessoa continua consciente, mas já não é capaz de se mover. Isso não dura muito, mas basta chegar a esse ponto para que voltar atrás se torne impossível.

No IML, temos uma fita de vídeo — para os mais jovens, a avó do DVD — que mostra um homem se filmando enquanto se enforca. Ele realiza um enforcamento erótico, um fetiche que associa prazer sexual e enforcamento. O homem vai mais longe, pois usa também uma calcinha cheia de rosas com espinhos dentro. No trailer nos fundos do jardim onde ele realiza esse fetiche, foram encontradas várias fitas de vídeo mostrando-o em cenas semelhantes de enforcamento erótico. Daquela vez, porém, ele calculou mal o enforcamento e se matou. Colocou a corda entre a poltrona onde estava sentado e o teto do trailer e gradualmente se deixou escorregar para aumentar a pressão da corda no pescoço. Em um momento, vê-se no vídeo que ele passa do ponto. Não consegue voltar atrás, e seu olhar é de pânico. Já não consegue se mover, e acaba morrendo em frente à câmera, em um enforcamento incompleto.

É o que acontece na maioria das vezes. As pessoas passam do ponto e, ainda que tenham desistido de morrer, não conseguem retroceder. Essa é uma forma de suicídio há muito conhecida. O proeminente médico-legista francês Paul Brouardel (1837-1906) já a mencionava em 1897 em seu livro sobre enforcamento. Ele descreve, a partir de ilustrações, todos os tipos de posições, às vezes bizarras, de enforcamentos incompletos. Essas mortes ocorrem por anoxia cerebral, ou seja, por falta de oxigênio no cérebro.

Foi assim que encontrei Philippe. Depois de examinar o corpo nessa posição, tirei suas roupas. É sempre mais fácil fazer isso quando estão pendurados do que no chão. Eu o examinei e não achei nada suspeito. Ele apresentava todos os sinais de asfixia, a morte sem dúvida fora causada por ela: havia cianose e petéquias.

A cianose é uma coloração azulada do rosto e do alto do tórax, indicativa de um excesso de CO_2 no sangue, o que acontece quando se é privado de oxigênio, como no enforcamento, por exemplo, e as petéquias são pequenos pontos vermelhos que aparecem principalmente na altura dos olhos e nas suas conjuntivas, indicando um aumento da pressão venosa que pode estourar as pequenas veias nessas áreas de menor resistência dos vasos sanguíneos. As petéquias também podem aparecer em pessoas vivas durante o esforço para vomitar, defecação em casos de constipação, força durante o parto ou mesmo em crianças que choram muito. Portanto, não é um sinal típico de enforcamento, mas contribui para o diagnóstico.

Eu soltei Philippe e o coloquei no chão. O momento de cortar a corda é delicado, pois o corpo desaba e é preciso segurá-lo para evitar que apareçam lesões causadas pela queda. Não foi fácil, porque Philippe era um homem grande, de 1,80 metro e 130 quilos. Depois, removi a corda e a parte de cima das roupas, o que não pude fazer na posição de enforcamento devido à presença da corda. Esse é o momento mais importante, o exame da marca da corda, do sulco do enforcamento.

Em geral, os sulcos são oblíquos para cima e para trás, visto que muito poucos enforcamentos são horizontais, e se mostram incompletos, ou seja, a corda age como uma alça de balde, pressionando as partes anteriores e laterais do pescoço sem tocar a região da nuca.

Era o caso de Philippe, e todas as lesões eram vitais, ou seja, foram produzidas enquanto a vítima estava viva. Isso significava que Philippe estava vivo no momento do enforcamento. Mas havia um problema: o sulco era muito mais largo que a corda nas regiões laterais do pescoço, como se a corda tivesse deslizado de baixo para cima durante o enforcamento. Eu nunca tinha observado isso em enforcamentos incompletos, apenas em enforcamentos completos.

Os enforcamentos completos, quando os pés não tocam o chão, são bastante raros, representando menos de 10% dos casos que registramos. Nessas situações, a morte pode ocorrer também por fratura da coluna cervical e compressão ou secção da medula espinhal. A medula espinhal, que passa dentro da coluna vertebral, é o principal elo entre o cérebro e o restante do corpo. Quando esse elo se rompe, as informações deixam de passar para as diferentes partes do corpo, dependendo do local da lesão. Uma secção lombar, por exemplo, causa paraplegia, que é a perda de mobilidade dos membros inferiores, enquanto uma secção cervical causa tetraplegia, a perda da capacidade de mover os quatro membros. Se a coluna cervical é seccionada na parte superior, a morte é imediata.

Era assim que os anglo-saxões realizavam a execução por enforcamento em decisões judiciais. O condenado era amarrado por uma corda em cima de um alçapão com um peso atado aos pés. Quando o alçapão se abria, a corda exercia uma tensão que, com o peso do corpo somado ao peso adicional, quebrava a coluna e a medula espinhal, resultando em morte imediata. No caso de Philippe, certamente não se tratava de um enforcamento completo. Portanto, precisávamos encontrar outra explicação.

A corda havia sido passada por cima de um cano de aquecimento de bom diâmetro, coberto de gesso e amianto para limitar a perda de calor. Examinando o cano, notei que o revestimento de gesso desaparecera. Ele não fora comprimido, como costuma acontecer, mas arrancado, não estava mais lá. Examinando a corda, encontrei vestígios de gesso ao longo de boa parte dela. Philippe fora içado. Ele tinha sido amarrado pelo pescoço à corda, que fora passada por cima do cano e depois erguido em um enforcamento incompleto. Esse cenário explicava por que o sulco era tão largo nas partes laterais do pescoço, devido ao atrito da corda que deslizara no pescoço durante o içamento, e explicava também a falta de gesso no cano de aquecimento, já que, considerando o peso de Philippe, a corda roçara bastante ali. Eu estava diante de um assassinato, portanto, e, dadas as circunstâncias, o principal suspeito só podia ser Nathalie. Mas Nathalie pesava apenas sessenta quilos, enquanto Philippe pesava 130. Era impossível que o tivesse içado sozinha; ela devia ter recebido ajuda.

Informei tudo ao procurador, que notificou o juiz de instrução e a polícia judiciária, e todos chegaram em menos de uma hora. Nathalie percebeu que as coisas não estavam indo como ela gostaria antes disso, porque a tensão aumentou após minhas constatações e os policiais se tornaram repentinamente menos simpáticos com ela. Além disso, o chefe deles, que havia saído sem esperar por mim e a cumprimentara ao deixar a casa, estava de volta, o que não era normal.

Enquanto aguardava a chegada das autoridades, examinei o nó. De fato, quando cortamos uma corda para desprender uma vítima, sempre fazemos isso a uma boa distância do nó, para preservá-lo. Aquele nó era muito especial, eu nunca tinha visto nada igual. Sempre fui péssimo com nós. Com os escoteiros, era meu ponto fraco. Eu nunca soube fazer um nó direito, e os métodos didáticos mnemônicos sempre me irritaram: entre na casinha, saia da casinha etc.

Com a permissão do juiz, enviei uma foto do nó pelo WhatsApp a um amigo que entendia do assunto porque navegava de barco. Ele respondeu imediatamente que se tratava de um nó, cujo nome esqueci, usado em navegação. Ora, Philippe não navegava. Ele gostava de observar os barcos, mas não tinha nenhuma experiência com eles. Portanto, era razoável concluir que não fora o autor do nó.

A autópsia confirmou que Philippe estava vivo no momento do enforcamento e mostrou que ele havia acabado de comer quando os fatos ocorreram, visto que o bolo alimentar continuava no estômago, pouco digerido, a ponto de ser possível identificar o cardápio da refeição sem risco de erro. Além disso, a autópsia não revelou nenhuma outra violência; ele não recebera um golpe antes de ser enforcado, por exemplo. No entanto, era certo que estava inconsciente no momento do enforcamento, pois precisou ser erguido. A única explicação era que tivesse sido sedado. Coletei amostras de sangue, de urina, do fígado, do rim e do conteúdo estomacal, que enviei ao laboratório de toxicologia para análise. Na sala de autópsia, analisei a urina usando um sistema imunoenzimático, que detectou a presença de benzodiazepínicos, um tipo de sedativo, mas não pude determinar a dosagem utilizada. Tivemos que aguardar o retorno do laboratório para confirmar a presença do sedativo Lormetazepam em uma dose muito alta, suficiente para sedar completamente um homem do tamanho de Philippe. Com o que encontramos no conteúdo estomacal, foi fácil concluir que ele ingerira os benzodiazepínicos na comida.

Pude concluir, então, sem esperar pelos resultados da investigação, que Philippe tinha sido sedado durante a refeição, depois transportado sem ser machucado até o porão, onde sua cabeça foi colocada na alça de uma corda, passada por um tubo de aquecimento, e então teve o corpo erguido, o que deixou marcas de atrito em seu pescoço. Dadas as circunstâncias, Nathalie certamente havia sido a autora do crime, mas devia ter recebido ajuda para levantar, carregar e içar o corpo. Possivelmente de alguém com conhecimento de navegação. E o canal ficava bem na frente da casa, com suas barcas...

A investigação logo revelou que Nathalie tinha um amante, dono de uma barca, que a ajudara a se livrar do marido. Motivo clássico, banal, que divide o protagonismo com o motivo financeiro. "Sexo e dinheiro", motivação tão antiga e famosa.

Philippe não foi um caso isolado. Para encontrar outros semelhantes, basta dispor dos meios necessários e não limitar a ação do médico-legista às situações claramente suspeitas. O caso teria passado despercebido se não fosse assim.

Já vi enforcados de todos os tipos. Há aqueles que se enforcam para enviar uma mensagem, como o jovem que se enforcou vestido de mulher na sacada de casa, voltada para a rua, diante de todos os passantes, para deixar claro que sua família o obrigara a esconder sua verdadeira identidade e reprimir quem ele era. Considerando-o louco e recusando-lhe o direito de ser diferente, a família o havia forçado, inclusive, a realizar um tratamento psiquiátrico.

Há também o caso do jovem que se enforcou na casa que acabara de comprar com a noiva. Ele sabia a que horas ela voltaria e preparou o jantar. A mesa estava posta, a refeição recém-feita quando ela chegou. A mulher o encontrou enforcado no mezanino, com o corpo bem ao lado da mesa. A mensagem não ficou clara para nós, mas com certeza estava para ela.

Todos os dias há suicídios de pessoas infelizes com a vida. Entre eles, há os organizados, que planejam tudo. Os documentos são colocados em cima da mesa: o testamento, os documentos da casa, a conta da funerária já paga. Sempre é impressionante descobrir tamanha determinação. Conheci um suicida que mandou entregar flores para si mesmo, para garantir que seu túmulo estivesse florido.

Há aqueles que se desculpam por causar dor aos entes queridos, mas consideram a vida insuportável devido ao sofrimento que lhes causa.

Há também o arroubo ansioso, ou seja, o ataque de pânico e o desejo de fugir o mais rápido possível. Essas pessoas se suicidam de maneira inesperada, não preparada e brutal, sem deixar mensagens, às vezes durante um despertar noturno, quase sempre por enforcamento, defenestração ou arma de fogo.

Há também os desajeitados, como o homem que planejou morrer enforcado e com um tiro na cabeça. Ele morava num prédio de dez andares e escolheu o terraço para o ato. Para alcançar o teto do terraço, subiu numa cadeira e fixou a corda no teto, mas ela era um pouco curta, então ele precisou ficar de pé na cadeira para se enforcar. Pegou o rifle calibre .22LR (munição de cerca de seis milímetros de diâmetro), colocou-o na boca e disparou. Infelizmente, para ele, seus braços eram um pouco curtos para alcançar o gatilho, então teve de posicionar a arma de lado. De tal ângulo, a bala não atravessou o crânio e acertou em cheio sua bochecha esquerda, exatamente na altura da corda, cortando-a. Perdendo o equilíbrio, o homem caiu da cadeira, batendo violentamente com a cabeça no chão, o que resultou em uma fratura no crânio que o levou à morte.

A lareira

Eram dez horas da noite quando a porta da central de polícia se abriu, revelando um homem um tanto desgrenhado com uma pequena mala. Era Marius. Ele não estava muito limpo, apesar de estar vestido com suas melhores roupas e seu melhor agasalho esportivo, branco com listras azuis. Marius não cuidava de sua aparência desde que afundara nas drogas, havia mais de vinte anos. Ele se aproximou do balcão, onde foi atendido por um policial. "Era só o que me faltava", pensou o guarda, pouco inclinado à gentileza dada a aparência do homem.

"Vim porque matei minha esposa."

"Sei. E onde está ela?"

"Eu a queimei."

"Ah! E onde você queimou sua esposa?"

"No jardim, há dois anos."

"Louco de pedra", pensou o policial de plantão. "Não vou incomodar o pessoal a essa hora. Se eu acordar o comissário por causa disso, vou levar uma bronca."

Então, disse a Marius:

"Escuta, hoje não tem mais ninguém aqui, volte amanhã de manhã."

"Ah, está bem, então."

Marius deixou a central um pouco chateado, pois sentiu que o policial não acreditara nele e o achara um idiota. Decidiu atravessar a cidade a pé até a gendarmaria. Era uma caminhada longa, especialmente carregando uma mala, mas nada o deteria, pois Marius estava decidido a confessar e em algum momento encontraria alguém para ouvi-lo.

Na gendarmaria, a entrada era diferente. Havia duas portas que se fechavam automaticamente à sua passagem para chegar ao policial no balcão.

"Boa noite, senhor, em que posso ajudá-lo?", cumprimentou o policial.

Marius ficou impressionado com aquela recepção, tão diferente.

"Então, matei minha esposa há dois anos. Eu a queimei no jardim."

"Viva?"

"Não, não, eu a estrangulei antes."

"Ah, entendi! Sente-se, senhor, vamos levá-lo para um interrogatório."

Marius se sentou.

Cinco minutos se passaram e outro policial se apresentou.

"Olá, senhor! Fui encarregado de ouvi-lo a respeito da morte de sua esposa. Pode me seguir?"

Marius se levantou para ir ao interrogatório mais importante de sua vida. Não seria apenas um interrogatório, mas um ato de expiação. Ele não deixou nenhum detalhe de fora, respondeu a todas as perguntas do policial que o interrogou com muita gentileza. O interrogatório terminou às cinco da manhã. Marius contou tudo, sentiu-se melhor e começou a sorrir de verdade. O gendarme entrou em contato com o magistrado de plantão, que me telefonou.

"Alô, Philippe? Estava dormindo?"

Eram 5h30 da madrugada, claro que eu estava dormindo! No plantão, o sono não é profundo, ficamos alertas, sabemos que podemos ser acionados a qualquer momento e dormimos um "sono alerta". O juiz me contou toda a história. Marius usara praticamente todos os móveis da casa para queimar a esposa no jardim. Segundo ele, morava num bairro muito deteriorado, com várias ocupações ilegais, por isso os vizinhos não notaram nada. A esposa, por sua vez, era uma grave dependente de drogas, como ele.

"É possível fazer um corpo desaparecer no fogo?"

"Claro. Não é fácil, mas é possível."

Começamos a discutir os meios necessários, se daria para usar os móveis da casa, a quantidade adequada de madeira etc. Perguntas práticas para as quais, na época, eu não tinha respostas, pois não havia literatura especializada sobre restos humanos carbonizados nem qualquer formação específica na área. Desde então, uma vasta literatura médico-legal se desenvolveu, e eu, juntamente com outros legistas da Bélgica, participei de uma especialização sobre restos humanos carbonizados com o professor Maat, da Universidade de Leiden.

A Universidade de Leiden possui a maior coleção de restos de sepulturas romanas. Os romanos eram cremados, suas cinzas coletadas e colocadas em urnas funerárias que foram herdadas pela universidade. Há várias centenas delas, e o professor Maat é seu guardião. Ele as utiliza como objeto de estudo e tema de publicações, e recebe médicos-legistas e antropólogos forenses em formação.

Quando Marius confessou o crime, eu ainda não havia feito essa especialização, que nem existia. A investigação continuou. Fazia cinco anos que Nadine sumira sem deixar rastros. Ela não aparecia em nenhum radar, desaparecera da vida social, não fazia parte de nenhum sistema: cadastro de desempregados, assistência social, saúde, previdência... Isso é comum com dependentes químicos que não têm apoio do governo nem família para se preocupar com eles. Nadine ainda tinha uma avó materna, Marguerite, que era uma pessoa com deficiência e sofria de Alzheimer, o que não facilitava o contato. Nadine não tinha carro, nem cartão bancário, seu celular estava perdido... não havia meios de encontrá-la. O Ministério Público estava numa situação difícil, porque nada provava que Nadine estivesse viva, nem que tivesse morrido.

Marius foi levado à prisão, onde se sentia bem. Tinha comida todos os dias, o clima era bom, ele fazia amigos, dependentes químicos como ele, e não tinha vontade alguma de sair. Seu medo, nas audiências mensais, era ser libertado. Mas não havia motivo para mantê-lo preso sem causa válida, e nas audiências decidiu-se que se o Ministério Público não apresentasse evidências convincentes, Marius seria solto em um mês. O Ministério Público acionou um juiz de instrução.

Imediatamente depois de acionado, o juiz de instrução entrou em contato comigo e, após uma breve discussão, decidimos que eu participaria do interrogatório de Marius, marcado para dois dias depois. Fiquei ansioso para conhecê-lo, pois tinha muitas perguntas a lhe fazer.

Marius e Nadine haviam tido uma discussão violenta e, sob efeito de cocaína, Marius a estrangulou. No dia seguinte, decidiu se livrar do corpo queimando-o no jardim. Ele esperou até anoitecer, preparou uma fogueira juntando toda a madeira que conseguira encontrar, envolveu o corpo de Nadine num lençol e o colocou sobre a pilha. Derramou um galão de gasolina em tudo, cerca de cinco litros, e ateou fogo. Marius ficou surpreso quando percebeu que o corpo não estava queimando direito, por isso adicionou mais madeira, sacrificando vários móveis da casa: duas mesinhas de cabeceira, uma cômoda, um armário, uma mesa de centro, um aparador e quatro cadeiras. Às seis da manhã, ainda havia grandes fragmentos de ossos e o crânio, que ele destruiu a marteladas. Depois, recolheu tudo e jogou no lixo.

Considerando a passagem do tempo e que Marius limpou o jardim corretamente, não deveria ter sobrado nada, mas era melhor verificar. O DVI foi chamado para esquadrinhar o jardim em busca dos restos mortais de Nadine. Era um pequeno jardim urbano de quinze metros quadrados. Fui ao local com a equipe e procuramos pelo que pudesse estar visível, mas não encontramos nada. O DVI sugeriu peneirar o solo a uma profundidade significativa, o que resultou na descoberta de um dente humano, mas de nenhum fragmento ósseo. O dente foi entregue a um perito dentista, Eddy, que conseguiu extrair a polpa para realizar uma análise de DNA e obter o código genético. Precisávamos verificar se era o de Nadine, mas não havia nenhum objeto para comparação, pois Marius se livrara de tudo o que ela tinha. Restava a possibilidade de comparar o DNA de Nadine com o de familiares; infelizmente, restava apenas Marguerite, a avó materna. Devido à distância genética entre avó e neta e o fato de haver apenas um parente disponível para a comparação, só poderíamos ter uma baixa probabilidade de certeza, mas era melhor que nada. A comparação sugeriu que o dente poderia pertencer a um membro da família de Marguerite. Finalmente começávamos a avançar.

Ainda precisávamos verificar se Marius dissera a verdade sobre a incineração de Nadine. Como ela era dependente química, podia ter perdido naturalmente todos os dentes, um efeito conhecido da heroína, e ter deixado um no jardim, que escapou de ser incinerado. Perguntei ao serviço de doação de corpos se eles dispunham de alguma doadora feminina com cerca de sessenta quilos que tivesse autorizado ser cremada depois do uso de seu corpo para a ciência. A resposta foi positiva, e um corpo foi disponibilizado. Para verificar a veracidade das afirmações de Marius, eu tinha decidido queimar um corpo feminino com peso semelhante, embora apenas uma estimativa de seu peso tenha sido dada por Marius. Infelizmente, nunca recebi as autorizações necessárias.

Marius foi julgado pelo tribunal de júri e ficou muito satisfeito por ser considerado culpado. Ele disse ao advogado que lhe fora designado pela justiça que não queria ser defendido, e o advogado obedeceu. Marius foi condenado a quinze anos de prisão.

Tempos depois, tive a sorte de frequentar as aulas do professor Maat, que me seriam muito úteis.

Jean-François não dava sinal de vida havia vários dias e seu chefe estava preocupado. Ele já havia ligado para o funcionário diversas vezes, mas o telefone só tocava até cair na caixa postal: "Não estou disponível no momento, deixe seu número e retornarei assim que puder". Jean-François nunca ligou de volta, o que parecia muito estranho, pois não era do seu feitio. Como Jean-François era divorciado e morava sozinho desde a separação, seu chefe chamou a polícia para saber se algo tinha acontecido com ele. A polícia não sabia de nada, mas considerou o caso como um "desaparecimento preocupante" e iniciou as buscas. Depois de passarem no apartamento de Jean-François e se depararem com a porta trancada, os policiais pediram à zeladora que abrisse o imóvel com a cópia das chaves: nenhum sinal de Jean-François. Seus documentos não estavam lá, nem as chaves do carro, que não estava na garagem. Eles informaram o comissário, que avisou o Ministério Público, que abriu uma investigação. Diversas tarefas foram distribuídas, começando pela averiguação dos movimentos do cartão de crédito, do celular e do GPS do carro. Os resultados vieram rapidamente. O cartão de crédito não fora usado nos últimos três dias, o celular estava desligado e não podia ser localizado, mas a última localização registrada apontava um bairro próximo à casa da ex-mulher, de quem ele se separara três meses antes por decisão judicial. Quanto ao GPS, indicava que o carro estava estacionado... na frente da casa da ex-mulher.

"Bom dia, senhora, é a polícia."

Sempre achei engraçado eles se apresentarem assim. Estão uniformizados, mas se identificam como policiais para não serem confundidos com artistas de circo, suponho. Laurence, que atendeu a porta, não estava realmente surpresa em vê-los, já que o carro do ex-marido estava na frente de sua casa. Ela tentara retirar o carro, mas estava quebrado.

"Podemos entrar? É sobre seu ex-marido."

Interrogada, Laurence confessou tudo e admitiu ter matado Jean--François. Ela o matara e depois queimara seu corpo na lareira. Os policiais ficaram incrédulos:

"Como alguém pode queimar um homem numa lareira? É impossível."

A juíza de instrução solicitou a um perito psiquiatra que examinasse Laurence e fizesse um parecer. A conclusão foi clara: ela inventara a história. A juíza de instrução se viu diante de um grande problema. Jean--François desaparecera, e a ausência de movimentações em seu cartão de crédito e o celular inativo não eram sinais de que estivesse vivo. Pelo contrário, tudo levava a crer que estava morto. Além disso, Laurence continuava afirmando ter matado Jean-François, mas suas declarações deixavam os investigadores perplexos. Para tentar esclarecer as coisas, a juíza de instrução decidiu realizar uma reconstituição do crime, da qual fui convidado a participar, juntamente com o psiquiatra que julgara que ela estava delirando. Compareci ao local um tanto perplexo, pois, como não havia corpo, então como eu poderia ajudar?

Era uma casa bem cuidada num bairro muito bonito da cidade, bem diferente dos lugares para onde os magistrados geralmente me enviavam. A reconstituição começou na sala onde Laurence disse que a discussão, bastante violenta, tivera início. Jean-François bateu em Laurence ao descobrir que ela tinha um amante depois de três meses separados. Ele não queria se separar, por isso Laurence iniciara um processo judicial para obter uma decisão que expulsaria o marido de casa. Socos foram trocados na sala e a briga continuou no andar de baixo, na cozinha, onde, exaltada e temendo por sua vida devido à violência dos golpes, Laurence pegou um machado e golpeou Jean-François na cabeça e no tórax. Ele caiu e logo parou de respirar, um mar de sangue saindo da cabeça e do tórax. Segundo Laurence, foi como se o Mar Vermelho estivesse passando por sua cozinha.

Quando conseguiu se acalmar, ela se perguntou o que faria com o corpo. Boa pergunta. Para continuar cuidando dos filhos, cujo pai acabara de matar, ela pretendia não se entregar à polícia. Já era suficiente que eles tivessem perdido o pai. Sendo assim, precisava se livrar do corpo, isso era óbvio, mas como? O que fazer? Laurence havia trabalhado em um açougue e sabia como desmembrar porcos. Ela pensou que desmembrar um homem não deveria ser muito mais complicado. Com o machado, esquartejou Jean-François e colocou os pedaços em "saquinhos herméticos" destinados à refrigeração num dos freezers da garagem. Conforme avançavam as revelações de Laurence, que falava com grande naturalidade, a dúvida e a perplexidade tomavam conta de todos, inclusive dos investigadores, que já tinham visto criminosos dos mais variados tipos.

Laurence nos guiou até o freezer, explicando que o havia limpado porque escorrera um pouco de sangue nele. Era um freezer bem novo, de tipo horizontal. Em uma inspeção visual, não vimos sangue, mas era melhor verificar. O luminol* seria inútil naquele caso, pois detecta a presença de ferro — como na hemoglobina, que é a proteína dos

---

* Substância química que se torna azul na presença de ferro. É um reagente quimioluminescente.

glóbulos vermelhos do sangue —, mas este também era o material da caixa do freezer. Coletamos amostras de todo o interior do freezer e de seus vãos com cotonetes estéreis.

Quando as crianças voltaram da escola, Laurence já tinha tido tempo de limpar a cozinha com água sanitária para eliminar os odores, e o corpo estava congelado. Os filhos viram o carro do pai na frente de casa e ficaram desapontados por não o encontrar. Laurence explicou que ele passara para resolver alguns detalhes e que o carro não ligara mais, então um amigo viera buscá-lo. As crianças fizeram seus deveres de casa. À noite, jantaram na cozinha e assistiram à televisão até as oito horas, depois foram para a cama. Laurence acendeu a lareira como em todas as noites daquele inverno interminável.

A lareira fechada funcionava bem e fazia chamas muito bonitas. Foi então que Laurence teve a ideia de como faria o marido desaparecer. Ela esperou as crianças irem para a cama e colocou um pedaço do marido no fogo, com saco plástico e tudo, onde foi completamente consumido em apenas duas horas. Havia encontrado a solução para sumir com o corpo em vez de jogá-lo no lixo, sua outra alternativa, em que sempre se corria o risco de alguém encontrar um ou outro pedaço. Jean-François iria para o lixo, mas na forma de cinzas, o que não atrairia a atenção de ninguém. Em poucos dias, duas horas por noite, Jean-François foi queimado em pequenos pedaços dentro de saquinhos plásticos.

Nesse ponto da reconstituição, estávamos diante da lareira fechada, um pouco atordoados, mais pela maneira desapegada com que Laurence relatava a morte e a destruição do corpo do marido do que pelos fatos em si. A juíza de instrução se virou para mim.

"Doutor, o senhor teria alguma pergunta para a sra. Laurence?"

"Sim, apenas umas perguntinhas."

Baseado em meu treinamento em *cremated remains* (restos mortais cremados) com o professor Maat, eu sabia o que Laurence inevitavelmente teria encontrado depois que os ossos e tecidos do marido tivessem sido consumidos pelo fogo. Na verdade, além das cinzas, sempre resta algo, pois um corpo quase nunca queima completamente, a menos que se use uma energia que aquela lareira não poderia fornecer.

Laurence respondeu a cada uma das minhas perguntas com muita precisão. Desde a cor dos ossos, que depende da temperatura do fogo, até a descrição dos pedaços restantes. Não faltava nenhuma informação, tudo se encaixava. Ela não estava mentindo nem inventando nada.

Quanto às cinzas, ela as eliminara usando um pequeno aspirador para lareira. Como o aspirador não era usado desde então, foi apreendido e enviado a um laboratório especializado que poderia confirmar se eram cinzas humanas, a única coisa que se pode provar por meio do estudo desse resíduo.

A investigação continuou. Passamos luminol na cozinha e encontramos vestígios de sangue, que foram coletados para análise de DNA. O laboratório foi ao apartamento de Jean-François para coletar cabelos de sua escova, a fim de comparar seu DNA com o encontrado na cozinha e no refrigerador. As amostras coletadas no refrigerador mostraram de fato a presença de sangue, com um DNA utilizável. Tudo coincidiu, aquele era mesmo o sangue de Jean-François.

"Me diga, senhora, alguma parte foi mais difícil de queimar?", perguntei durante a reconstituição.

"Ah, sim, doutor, a cabeça. Tive que colocá-la de volta quatro vezes."

Inesquecível, a Laurence.

Tiros e vontade de morrer

Nos filmes de faroeste, quando o herói armado atira em alguém com uma pistola ou um revólver, às vezes de pequeno calibre, vemos a vítima ser lançada para trás como se tivesse sido atingida por um caminhão de quatro toneladas, jorrando jatos de sangue, quase como se o corpo humano fosse feito apenas disso.

Ainda que eu adore assistir a esse tipo de produção para relaxar, a realidade é bem diferente.

"Alô, doutor? Poderia vir até aqui para verificar um senhor que se suicidou? Quanto ao suicídio não há dúvidas, mas algo me deixou encucado. Já enviei o laboratório e o perito em balística."

O perito em balística era um ex-policial da cidade de Liège, Jean Jamar, e combinamos de ir juntos. Jean trabalhou a vida toda na polícia, e como sempre se interessou muito por armas de fogo, desenvolveu um enorme conhecimento sobre o assunto, a ponto de ser reconhecido como perito em balística pelo Ministério Público. Na época, não existia nenhuma formação específica nessa área e os peritos se formavam na prática. Receio que ainda hoje seja assim.

Jean impressiona os novatos: sua presença é imponente, seu olhar e sua expressão facial parecem os de um vilão. A primeira vez que o vi, eu era estagiário em medicina legal e ainda não estava convencido de que isso se tornaria minha especialidade. Num café em Herstal, um homem havia atirado em outro, que pisara no rabo do cachorro dele sem pedir desculpas. Jean apenas olhou para a arma e afirmou que o homem a carregava com frequência, ao contrário do que dizia, devido à fina camada de poeira que cobria o objeto. Fiquei impressionado.

Mais tarde, depois que fui iniciado por ele, nos tornamos amigos. Embora não tivesse esse nome, lembro-me bem dessa iniciação. Jean nos convidava para sua casa e nos oferecia licores raros que nos deixavam completamente embriagados. Aos olhos da polícia judiciária, do laboratório e dos policiais, tínhamos sido iniciados. Jean também costumava chegar à sala de autópsia com três garrafas de plástico transparente, uma contendo um líquido amarelo, outra com um líquido verde e uma terceira com um líquido branco que ele chamava, respectivamente, de laranjada, menta e água, mas que eram conhaque, chartreuse e aguardente. Atualmente não é permitido levar qualquer tipo de bebida alcoólica para a sala de autópsia.

Os tempos mudaram, e rápido. Nas autópsias de trinta anos atrás, participavam os policiais responsáveis pela investigação, os peritos, quando necessário, os magistrados, ou seja, o procurador do rei e o juiz de instrução, e os estagiários dos magistrados e dos médicos. Hoje em dia, além do legista e do laboratório, mais ninguém participa. Não era raro que, ao final de uma autópsia, fôssemos todos juntos a um restaurante; hoje essa lembrança faz parte de um passado muito longínquo.

"Alô, doutor? Poderia ir até..."

O procurador substituto me enviou quase à fronteira da Bélgica com a França, à bela província de Luxemburgo. Chegando ao local, Jean e eu fomos informados dos fatos.

O falecido não atendia às ligações do vizinho, com quem se encontrava todos os dias, e foi descoberto deitado no chão, aparentemente desacordado, por esse mesmo vizinho, quando o homem espiou pela janela da cozinha, o principal cômodo das casas antigas. O vizinho chamou os policiais, que tiveram de arrombar a porta. Era uma porta velha, que se trancava com aquelas chaves antigas, grandes, das quais só existe um exemplar e cuja fechadura não permite que duas chaves sejam inseridas ao mesmo tempo. A chave estava do lado de dentro da fechadura, por isso o arrombamento foi necessário.

A cozinha era quadrada, pequena e tinha uma mesa no centro, coberta por uma dessas toalhas plásticas com padronagem amarelo-alaranjada. Sobre a mesa, um bilhete no qual o falecido explicava seu gesto. Como muitos suicidas, ele estava cansado da vida, cansado de esperar por uma morte que aparentemente o havia esquecido. Decidiu convocá-la.

Ao lado do bilhete de despedida havia uma caixa de munições de .22LR. LR significa *long rifle*, seu cartucho é mais longo do que o de outras munições desse calibre para conter mais pólvora, tornando o projétil mais letal, porque é lançado com mais pressão. O número 22 indica o calibre, expresso em medida inglesa, ou seja, 0,22 polegada, ou 0,55 centímetro, um calibre de cerca de seis milímetros. Esses sistemas de medida diferentes sempre são um pouco complicados, fonte de muitas confusões. O morto escolhera um calibre pequeno para pôr fim à sua vida. Algumas munições estavam espalhadas pela mesa, outras ainda se encontravam dentro da caixa. Entre as primeiras, algumas estavam manchadas de sangue, mas falaremos sobre isso posteriormente.

Bem diante da mesa, paralelo a ela e deitado de costas, estava o corpo. Em frente a seus pés, havia uma parede por onde passava um cano de água coberto de sujeira, uma mistura de gordura de cozinha e poeira que devia ter se acumulado ali ao longo dos anos, dada a espessura da camada. Na parte horizontal do cano, na altura do tórax de um adulto em pé, havia linhas perpendiculares ao cano onde a sujeira fora removida, revelando que ele tinha sido pintado de branco havia muito tempo. À esquerda dessa parede, a única janela do cômodo estava intacta, fechada e equipada com barras sólidas, portanto, nada a ser procurado desse lado.

Não havia outra entrada no cômodo e nenhum vestígio de luta, apenas a desordem habitual que se vê nos espaços onde as pessoas vivem.

À direita do corpo, havia uma cadeira de palha com uma almofada no assento e outra nas costas, ambas manchadas de sangue na parte esquerda, enquanto a parte direita permanecia limpa. Os braços da cadeira também apresentavam vestígios de sangue, como se tivessem sido esfregados, como se alguém tivesse pousado ali uma mão ensanguentada.

Os serviços de emergência chegaram, cortaram a camiseta, a única peça de roupa superior que o falecido vestia, e colocaram eletrodos no tórax para aferir a atividade cardíaca. Atestaram que realmente estava morto, o que corresponde a uma boa prática médica. De fato, sempre é necessário verificar se alguém está morto antes de atestar o óbito, pois há muitas situações em que se pode errar, como já descrevi em outro caso. Eles fizeram bem, mas isso sempre me causa problemas, como também descrevi em outro caso, porque ao tocar no corpo e levantar suas roupas, eles interferem na cena do crime, perturbando-a e arriscando retirar dela elementos importantes, ou adicionando elementos contaminantes.

"Ele está vestido adequadamente" é a frase que usamos para dizer que as roupas não apresentam nenhuma excentricidade. No entanto, a camiseta apresentava catorze furos referentes à passagem de projéteis, queimados nas bordas, e estava coberta de sangue na parte esquerda, dos orifícios até a parte mais baixa do tronco e a lateral do corpo.

Havia uma carabina entre as pernas do morto com o cano apontado para o alto do corpo. Jean pegou a arma, na qual já tinham sido realizadas as coletas de impressões digitais. Tratava-se de uma carabina .22 longa com ferrolho e carregador com capacidade para seis projéteis. Restavam quatro no carregador. No cabo da arma, o laboratório encontrou vestígios de uma poeira gordurosa que podiam corresponder às do cano na parede em frente ao corpo.

Somente depois de todas essas observações é que o médico-legista pode examinar o cadáver. O exame médico-legal é sempre realizado em um corpo nu, em todas as suas faces, seguindo a mesma metodologia: uma observação de cima para baixo e de baixo para cima, sob boa iluminação — usando uma lanterna de cabeça, por exemplo —, para garantir que nada passe despercebido.

Na face anterior, o mais evidente era que aquele homem apresentava marcas de impacto de projéteis, todos na altura do tórax anterior esquerdo, inferior e paramediano, ou seja, na região cardíaca. Havia catorze marcas, e era isso que preocupava o magistrado e o motivo pelo qual ele mobilizara tantos recursos: laboratório, perito em balística e médico-legista. Isso nunca fora visto num suposto suicídio.

Eram, claramente, orifícios de entrada de projéteis. É muito importante distinguir a entrada e a saída de um projétil, principalmente porque a situação judicial de um atirador não é a mesma se ele atirar nas costas ou de frente para a vítima.

Se o tiro for dado de frente, sempre se pode alegar legítima defesa, por exemplo quando a vítima ameaça o atirador com uma arma, enquanto um projétil disparado pelas costas dificilmente é plausível em casos de legítima defesa, a menos que se demonstre que a vítima ainda era uma ameaça de costas, o que não é fácil.

Os orifícios de entrada têm características diferentes dos orifícios de saída. Quando uma bala atravessa a pele, ela começa por deformá-la, empurrando-a para dentro antes de perfurá-la. Ao fazer isso, dada a sua velocidade (entre 280 e 380 m/s, ou seja, entre 1000 e 1300 km/h), ela toca a pele com uma energia muito alta, o que produz uma pequena abrasão cutânea na periferia do orifício de entrada, que chamamos de "gola" porque tem a forma de um pequeno colarinho, e como se trata de uma erosão, nós a chamamos de "gola erosiva".

Isso não é tudo: além do projétil, o cano da arma também dispara uma chama que provém da combustão da pólvora contida na cápsula. Essa chama é de curta distância, em média dois centímetros, dependendo do tipo de pólvora. Ele também dispara grãos de pólvora que não foram totalmente consumidos, além de fumaça, que, por sua vez, vem da pólvora que foi consumida.

Quando a arma está em contato com a pele, o disparo é chamado "à queima-roupa" ou "de contato", e muitas vezes se vê a marca do cano da arma impressa na pele, além de todos os elementos descritos, como a fumaça e a pólvora, permanecerem sob a pele, dentro de uma cavidade chamada "câmara de mina".

A curta distância, geralmente menos de quinze centímetros, todos esses elementos são encontrados na pele ou nas roupas da vítima, na periferia do buraco feito pela passagem do projétil. Esse é o chamado tiro "à queima-roupa". Medimos o diâmetro de dispersão dos grãos de pólvora ou da fumaça, o que permite ao perito em balística determinar a que distância o atirador estava.

Para isso, o perito em balística realiza disparos de comparação com a arma utilizada até alcançar a mesma dispersão. Quando ele consegue reproduzir a mesma dispersão, é porque está à mesma distância que o atirador. Além dessa distância, só encontramos o orifício e a gola erosiva, o que define o tiro "à distância".

O sangue havia escorrido desses orifícios até a cintura na parte anterior, mas também até as costas, passando pelo flanco esquerdo.

Havia outra marca de impacto de projétil na face anterointerna da parte média do braço esquerdo e nenhuma marca de saída, então o projétil ainda estava dentro do braço. Ao manipular o membro superior esquerdo, pude detectar que o úmero (osso do braço) estava quebrado exatamente no ponto de impacto do projétil. Assim, pude deduzir, sem medo de errar, que o projétil entrara no braço esquerdo, quebrara o úmero e esgotara toda a sua velocidade de projeção e capacidade vulnerante antes de parar em algum lugar próximo ao osso.

A palma das mãos estava manchada de sangue. Não havia outras lesões significativas na face anterior do corpo, mas pedi ao laboratório que fotografasse cada uma das lesões encontradas.

Nessas condições, pude então passar ao exame da face posterior. As únicas lesões que encontrei estavam sob o braço, na parte lateral esquerda do tórax, e eram de dois tipos: orifícios de saída de projéteis e equimoses. Os orifícios de saída não apresentam nenhuma das características dos orifícios de entrada e podem ser circulares, elípticos ou dilacerados. No caso desse corpo, todos estavam dilacerados, sem forma precisa.

A partir disso, entramos na segunda fase do meu trabalho: interpretar os sinais observados. As características dos orifícios anteriores não permitiam confusão, eram realmente orifícios de entrada e havia catorze deles, ou seja, catorze tiros com uma carabina de ferrolho, o que significava que, em treze ocasiões, o autor tivera que puxar o ferrolho para ejetar a cápsula e colocar uma nova munição, preparar a arma na posição e atirar.

Isso não era tudo: a arma dispunha de um carregador com capacidade para seis munições, o que significava que ele tivera que recarregar duas vezes.

À medida que os tiros eram disparados, o atirador deve ter ficado exausto, tanto pela perda de sangue causada pela passagem dos projéteis quanto pela dor, e provavelmente se sentou na cadeira de vime para descansar, ou ao menos para recarregar a arma.

Ele deve ter tocado as feridas, contaminando-as com seu próprio sangue. Depois, com as mãos ensanguentadas, pegou as munições colocadas em cima da mesa para recarregar a arma e, em seguida, se apoiou nos braços da cadeira para se levantar.

Ainda cansado, apoiou o cabo da arma no cano coberto de poeira gordurosa da cozinha, o que explicava as marcas no cano e a poeira pegajosa encontrada no cabo da carabina.

Tudo estava explicado, mas restava o essencial, o mistério dos catorze tiros quando apenas um no coração bastaria para morrer. É verdade, mas não com aquela trajetória. Os projéteis tinham sido disparados na região do tórax, atrás do qual fica o coração, a uma profundidade variável; em média cinco centímetros num adulto de estatura mediana... desde que o tiro seja perpendicular ao corpo. Isso não aconteceu naquele caso, porque a trajetória dos projéteis havia sido oblíqua para trás e para a esquerda. Na verdade, devido a essa trajetória, os projéteis não atingiram o coração.

Eles perfuraram o pulmão esquerdo, quebraram costelas, alguns até atravessaram o corpo, inclusive um entrou no braço esquerdo e fraturou o úmero. Eles causaram uma hemorragia interna relativamente lenta, não atingindo vasos de grande calibre, apenas a rede vascular pulmonar. Quando a cavidade pleural esquerda se encheu com cerca de um litro de sangue, Jean perdeu os sentidos e caiu no chão, se já não estivesse deitado devido à fratura no braço esquerdo, que deve tê-lo impossibilitado de usar a arma, e depois morreu devido a uma perda de sangue de cerca de um litro e meio a dois litros.

A partir disso, uma pergunta surge: por que todos os disparos foram realizados em posição oblíqua? A resposta é simples, mas exigiu reflexão. Ele tinha os braços curtos demais para alcançar o gatilho da arma quando ela ficava perpendicular ao corpo, então teve que colocá-la em um ângulo diferente para conseguir atirar.

Esse homem deve ter se acreditado imortal e demonstrou uma força de caráter fora do comum, ainda que estivesse decidido a acabar com a própria vida. Imagine seu espanto ao não morrer com o primeiro tiro e a perplexidade de ter que disparar catorze vezes. Seu caso, no entanto, não é isolado, embora tenha sido um dos mais dramáticos que presenciei.

Por exemplo, um homem de cerca de cinquenta anos decidiu se suicidar com uma arma de fogo no meio de um parque cheio de gente. Para nós, era uma verdadeira sorte ter testemunhas, mas aquelas imagens permaneceriam gravadas em suas memórias para sempre, com todo o trauma que isso pode gerar.

O exame foi realizado no local, como é comum acontecer, pois não temos um serviço de transporte de corpos adaptado às nossas necessidades, mas principalmente porque precisamos de respostas rápidas para determinar os próximos passos nos âmbitos policial e judicial.

Durante meu exame, constatei um orifício de entrada de projétil na altura do palato da boca com uma saída no topo do crânio e outro no tórax anterior esquerdo, na altura do coração, sem saída do projétil. A menos que alguém tivesse matado aquele homem, o que nenhuma das testemunhas apontou, pude afirmar, sem risco de erro, que o primeiro tiro havia sido cardíaco e o segundo, transcraniano. Mais uma vez se tratava de um homem que tentara primeiro o coração e ficara muito surpreso de não morrer na hora, como acontece nos filmes.

Não pensem que o tiro intracraniano é sempre mortal e fulminante; tenho uma gravação de um homem que filmou o próprio suicídio. No exame, antes de assistir à fita, constatei dois orifícios de entrada com as características de um tiro à queima-roupa, um na têmpora direita e outro na boca, com saídas correspondentes a cada um dos orifícios, respectivamente na têmpora esquerda e no topo do crânio. Quando assisti às imagens, entendi o que havia ocorrido. Via-se o falecido instalando o equipamento de filmagem corretamente, sentando-se, pegando a arma com a mão direita, colocando-a na têmpora direita, fechando os olhos e disparando. Com o impacto, sangue e carne saíram pela têmpora esquerda e a cabeça desapareceu do campo de visão. Mais tarde, cerca de uma hora de gravação depois, a cabeça reapareceu. Podia-se perceber que o homem procurava a arma sem enxergar, até que a encontrara. O projétil seccionara os nervos ópticos, que estavam em sua trajetória de tiro na têmpora. Via-se então ele colocar a arma na boca e disparar.

A medicina legal leva a muitas coisas, até mesmo à espeleologia. Devemos sempre ir aos locais de descoberta do corpo, mesmo que seja necessário entrar em cavernas para isso. Um dia, espeleólogos fizeram uma descoberta macabra durante a caminhada dominical.

Depois de um trajeto de alguns minutos, eles se depararam com um corpo sentado numa saliência que ficava acima de um precipício de quatro a cinco metros. No exame, o corpo apresentava dois impactos de projéteis na altura da têmpora direita, manifestamente orifícios de entrada à queima-roupa, pois havia, na periferia dos furos, a marca do cano da arma. Por outro lado, não havia saída, o que não surpreende, pois, dado o diâmetro dos furos, deviam ser de calibres pequenos. Não posso ter certeza, porque a arma usada não foi encontrada. Eu deveria escrever "as armas usadas", porque os orifícios não tinham o mesmo diâmetro, sendo praticamente certo que se tratava de duas armas de calibres diferentes.

Pequeno problema: elas não estavam ao lado do corpo, o que pode parecer surpreendente, mas como a vítima estava sentada na saliência de um precipício, as armas poderiam ter caído. Os espeleólogos que nos acompanhavam desceram o paredão fazendo rapel e as encontraram no mesmo alinhamento do corpo. Eram duas pistolas de calibre .6,35 e .22 (cerca de seis milímetros) presas uma à outra de tal forma que, ao pressionar o gatilho de uma, os dois disparos ocorriam ao mesmo tempo.

Por que esse homem complicara tanto a própria vida criando um mecanismo tão complexo? Provavelmente porque queria aumentar as chances de não sobreviver.

Esses casos de suicídio são surpreendentes por seu caráter excepcional. Nunca deixa de me surpreender a determinação de algumas pessoas que decidem colocar um fim à própria vida, com frequência depois de muito refletir, sem falar com ninguém a respeito ou manifestar sinais que teriam alertado seus familiares.

Do ponto de vista médico-legal, esses casos são interessantes porque nos afastam dos lugares-comuns amplamente disseminados por filmes, romances e crenças populares, que nunca substituirão a prática e a experiência de campo, que nos confrontam com a realidade em toda sua complexidade.

O caso do garfo

Pierre era um estudante de 22 anos que gostava de festas. Ele tinha a compleição de bebedor de cerveja, mas não era alcoólatra. Morava sozinho, decorava sua casa com muito capricho e gostava especialmente de sair com os amigos quando a cerveja corria solta.

"Alô, doutor? Poderia ir até a rua tal? Um homem foi encontrado morto por seu médico, depois de tê-lo chamado por causa de uma dor de garganta."

Na casa, descobri o corpo de Pierre estendido no chão diante de uma mesa de jardim de plástico branco, com a cabeça virada para um dos pés do móvel, deitado em uma poça de sangue.

Como de costume, antes de analisar o cadáver fiz uma inspeção pelo local e segui até o andar de cima, onde encontrei seu quarto, que dava para uma varanda sem proteção, posicionada diretamente acima do corpo de Pierre. Inicialmente, os policiais pensaram que ele havia caído dessa plataforma, o que era possível, mas a descoberta de uma poça de sangue ao lado da cama do quarto os fez mudar de ideia.

De fato, como ele poderia ter caído do primeiro andar, sangrado abundantemente, depois subido ao quarto para deixar mais sangue no chão e então descido de novo e deitado no mesmo lugar onde havia sangrado antes para só então morrer? Não fazia sentido. Como médico-legista, fui chamado para resolver o enigma.

No quarto, a cama estava desfeita. No estreito espaço entre o lado direito da cama e um móvel, encontrei a grande poça de sangue descoberta pelos policiais. Ela estava rodeada por muitas *spitures* (uma palavra que adoro do valão, dialeto da Valônia, e que pode ser traduzida por "imagens"). Elas demonstravam que o sangue caíra com certa velocidade, devido à altura da emissão, facilmente identificável pelas gotas no móvel — aquele que estava de frente para o lado direito da cama. Essa altura era de no máximo um metro e meio.

A barra superior do edredom apresentava manchas de sangue que desenhavam uma mão direita, como se a borda tivesse sido puxada para afastar o edredom e sair da cama.

Uma mancha de sangue, uma gota gravitacional, isto é, caída de certa altura, era visível no chão, entre a cama e a porta do quarto, mas não havia nada na plataforma, na escada ou no chão da sala antes de se chegar ao corpo.

Pierre estava deitado de bruços diante da mesa. Na altura de sua cabeça havia uma impressionante poça de sangue. Na ponta dessa poça, o pé da mesa de plástico estava manchado de sangue até uma altura de dois ou três centímetros. O sangue não podia subir por capilaridade em um pé de plástico; provavelmente houve um jato, como uma golfada de sangue, projetado em grande velocidade para chegar a essa altura.

No fim da poça, um objeto chamou minha atenção: um coágulo de sangue formado em torno de um pedaço de garfo de plástico, no caso, a parte dentada, sem o cabo, e com um dente faltando entre os quatro habituais.

O que um pedaço de garfo estaria fazendo ali? A primeira hipótese era que já estava no chão e o sangue o cobriu. Poderia ser, mas o sangue não coagula quando está fora do corpo; pode secar, mas não coagular. O sangue precisa de elementos que cheguem até ele progressivamente através da circulação sanguínea para coagular, o que obviamente não é possível fora do organismo. Mas o que eu estava observando era de fato um coágulo. A única resposta era que o garfo estava dentro do corpo.

Mas onde? E como chegara lá? Perguntas que a autópsia provavelmente resolveria.

Enquanto isso, o procurador substituto requisitou um juiz de instrução, que não tive dificuldade de convencer a realizar uma autópsia de Pierre, que ocorreu naquele mesmo dia. Em paralelo, a investigação avançava rapidamente.

Os policiais interrogaram o médico chamado ao local por causa de uma dor de garganta. Como não era urgente, ele encaixou Pierre em sua ronda e teve a desagradável surpresa de encontrá-lo morto. Ele mesmo avisou a polícia e só não emitiu um atestado de óbito porque não conseguiu descobrir a origem exata da hemorragia que, obviamente, ele avaliou como sendo a causa da morte. E estava certo.

Durante a autópsia, me espantei ao constatar que o esôfago, o tubo que leva o alimento da boca ao estômago, atravessando o tórax de cima a baixo, estava perfurado com cinco buracos, dois de um lado e três outros na frente. Quando coloquei o garfo nesse local, percebi que se encaixava perfeitamente. Os dois buracos correspondiam à parte cortada do garfo, onde faltava o cabo, enquanto os três outros correspondiam aos três dentes restantes no objeto.

O esôfago tem três estreitamentos: o primeiro logo abaixo da laringe, onde ele começa, facilmente atravessado pela deglutição (o ato de engolir); o segundo um pouco abaixo, no ponto onde o esôfago cruza o arco da aorta. A aorta é o maior vaso do corpo, uma artéria que sai do coração e leva o sangue para a periferia, para todos os órgãos e células corporais.

As lesões observadas no esôfago estavam na altura do segundo estreitamento e as que correspondiam aos dentes do garfo iam até a parede da aorta, que também estava perfurada. Vários dias devem ter se passado para que essa dupla perfuração (esôfago e depois aorta) se formasse. Com o tempo, a perfuração foi progredindo devido aos movimentos peristálticos do esôfago, pois a cada vez que engolimos ele se abre e se contrai para empurrar o alimento para o estômago. Ao se contrair assim, o esôfago empurrava o garfo através de sua parede.

Enquanto a perfuração da parede do esôfago não ocorria, Pierre deve ter sentido dores, mas depois de perfurado, ele deve ter tido algum alívio em termos de dor. Alívio, mas não melhoria de seu estado, porque ainda deveria haver dificuldade para passar o alimento, bloqueado pelo objeto.

Enquanto isso, o garfo continuava penetrando os tecidos e atravessando o espaço entre o esôfago e a aorta. Com os movimentos peristálticos do esôfago, o garfo penetrou cada vez mais até alcançar a aorta, perfurá-la e causar um sangramento a princípio leve, mas contínuo, o que permitiu a formação de um coágulo no garfo.

O sangue então foi gradualmente invadindo o estômago, que não gosta de sangue, fazendo Pierre vomitar.

Ele vomitou pela primeira vez enquanto estava na cama. Teve tempo apenas de virar a cabeça e vomitar um jato único, mas forte, dada a massa de sangue no chão. Ele limpou a boca com a mão direita, afastou o edredom para sair da cama, deixando ali a marca da mão ensanguentada, saiu do quarto e desceu as escadas até o térreo, onde se sentiu mal.

Ele se deitou no chão e vomitou uma segunda vez, violentamente, atingindo o pé da mesa de plástico a uma altura de dois a três centímetros. Foi nesse momento que o garfo se soltou e foi expulso, provocando uma hemorragia catastrófica, pois deixou abertos os orifícios que havia criado.

Pode ter havido outros vômitos enquanto Pierre estava no chão, mas não é possível demonstrar essa hipótese. Seja como for, ele morreu de choque hipovolêmico, ou seja, devido à falta de sangue no organismo.

A investigação prosseguiu enquanto a autópsia era realizada, portanto logo soubemos que em suas noitadas Pierre aceitava engolir quase qualquer coisa, desde que o objeto estivesse dentro de um copo de cerveja. Durante a autópsia, encontramos um pedaço de faca de plástico, a parte cortante, sem o cabo, que já havia avançado bastante no intestino delgado.

Mais tarde fiquei sabendo que, no dia em que Pierre engoliu o garfo, nove dias antes de sua morte, ele tinha sido levado ao hospital pelos amigos, pois, logo depois de engolir o objeto, sentira uma dor forte no tórax, tão intensa que o paralisara.

Na recepção da emergência, os amigos informaram que ele havia "engolido um garfo", o que causou espanto nos funcionários. No entanto, estavam acostumados a esse tipo de excentricidade. Só quem já trabalhou numa emergência consegue entender o cotidiano inimaginável desse serviço. Os amigos de Pierre conversaram com as enfermeiras e o médico, que recomendou que ele fizesse uma radiografia.

Problema: o plástico é radiotransparente, o que significa que não aparece em radiografias, especialmente quando dentro de tecidos, caso de Pierre. Portanto, não havia a menor chance de que detectassem o garfo de plástico. Por outro lado, a radiografia mostrou moedas no duodeno — a primeira parte do intestino delgado, logo depois do estômago —, de onde já não era possível recuperá-las. O médico pensou, devido ao tamanho, que as moedas haviam criado lesões superficiais no esôfago de Pierre, causando-lhe uma dor passageira.

Em nenhum momento imaginou que poderia ser verdade que Pierre engolira um garfo e que todos aqueles estudantes evidentemente alcoolizados tinham razão. Ele permitiu que Pierre deixasse o hospital e voltasse para casa.

Depois de alguns dias, com a parede do esôfago perfurada, a dor diminuiu de modo considerável, embora Pierre já não pudesse comer de tudo, especialmente alimentos sólidos como carne ou mesmo um simples pedaço de pão. É surpreendente que ele não tenha procurado atendimento depois disso, mas os fatos são claros, ele não procurou.

A responsabilidade do médico da emergência foi obviamente questionada e o tribunal concluiu que ele agiu mal ao não realizar uma gastroscopia, exame que consiste em introduzir uma câmera no esôfago e no estômago para verificar a existência de lesões e fazer biópsias. Esse exame teria permitido que visse o garfo e até mesmo que o extraísse.

Para um rapaz bastante simpático e que vivia a vida intensamente, essa foi uma morte muito triste. Hesitei em contá-la neste livro, mas, como já falei dela em um artigo científico muito apreciado no pequeno mundo médico-legal por seu caráter excepcional, mudei de ideia. Assim, espero que Pierre não tenha morrido em vão, e que situações semelhantes não se repitam. A vida é curta demais para ser abreviada dessa maneira.

Em geral não percebemos, mas a digestão começa na boca. O objetivo da digestão é reduzir os alimentos a partículas pequenas o suficiente para serem absorvidas pelos intestinos e utilizadas na produção de energia pelas células do corpo. Para isso, a comida é mecanicamente destruí-da pelos dentes, que a trituram, rasgam, perfuram e cortam, depois por uma ação química, que também começa na boca, com enzimas que quebram as cadeias de carboidratos (açúcares).

Digo tudo isso para que fique claro que mastigar a comida não é uma opção, mas uma necessidade que alivia o trabalho do estômago, que libera ácido clorídrico para destruí-la e torná-la semissólida.

Quanto menos os alimentos forem mastigados, maior é a secreção de ácido clorídrico, o que pode causar desconfortos como úlceras, digestão lenta, com a comida sendo retardada no estômago, e fadiga, para citar os mais comuns.

Mas há algo pior do que mastigar pouco: não mastigar nada e engolir pedaços inteiros de carne.

Essa patologia médico-legal clássica é chamada de "síndrome do glutão". Um glutão estava à mesa num restaurante, para um jantar de negócios. Ele pediu carne malpassada, como um verdadeiro apreciador, e começou a comer. No calor da discussão, quis falar e literalmente "engoliu atravessado", mas o pedaço era tão grande que ficou preso. Depois de sufocar por um tempo, sem conseguir tossir, já que a garganta estava bloqueada, impedindo a entrada de ar suficiente para tossir, ele perdeu a consciência e morreu asfixiado antes da chegada do socorro.

Esse tipo de morte é perfeitamente evitável com uma manobra muito simples e que todos deveriam conhecer: a manobra de Heimlich, que consiste em segurar a pessoa por trás, posicionar os braços sobre o abdômen e empurrar com força, criando uma grande pressão no local, que é transmitida ao tórax e com isso expulsa o bloqueio alimentar.

É uma morte estúpida, totalmente evitável, que ocorre bastante em restaurantes e casas de repouso. Achei importante falar sobre ela no contexto da história deste capítulo.

Instinto selvagem

Quem não viu esse filme? *Instinto selvagem* é um sucesso desde que foi lançado, em 1992, com uma deslumbrante Sharon Stone e Michael Douglas nos papéis principais — ainda que a cena do famoso interrogatório de Sharon Stone fique na memória mais do que a própria trama.

"Alô, doutor? Temos um assassinato por arma de fogo, vou chamar também o perito em balística."

O perito em balística, Jean Jamar, antigo inspetor da polícia local, já foi apresentado neste livro. Fomos juntos à cena do crime. Viajar com Jean pode ser um pouco cansativo, pois ele sempre faz comentários sobre minha maneira de dirigir. Eu provavelmente não sou o melhor motorista do mundo, concordo, mas com Jean ao meu lado, me sinto um aluno de autoescola fazendo o exame de direção com um avaliador muito exigente: "Perto demais, rápido demais, cuidado com o semáforo, prioridade à direita etc.", e ai de mim se ultrapassar os limites de velocidade, o que considero o mais difícil.

Depois de uma hora e meia de estrada, chegamos. O corpo foi encontrado no primeiro andar de uma casa típica das Ardenas, toda feita de pedra da região. Entramos e fui direto ao cômodo onde ele estava. O laboratório já terminara de tirar as fotos e coletar as evidências, de modo que pude entrar logo, o que foi uma sorte, pois essa atividade essencial pode facilmente levar duas horas.

Jean estava logo atrás de mim, preocupado com a arma que teria sido usada. Não havia nenhuma arma no local, o que complicava bastante as coisas, porque aquela ausência constituía um sério indício de assassinato. De fato, nunca vi um suicida por arma de fogo que guardasse a arma antes de morrer.

Como de costume, a entrada do cômodo parecia uma lanchonete na hora do almoço, havia uma fila de policiais e magistrados, todos impacientes para entrar e ver o corpo. Era para isso que estavam ali, afinal: ver o local e o corpo. Uma etapa indispensável para eles. Não leva muito tempo, mas ver é muito mais eficaz do que qualquer descrição ou fotografia.

A vantagem de ser médico-legista é que somos aguardados com muita impaciência e interesse para fazer as primeiras constatações, ou seja, uma primeira estimativa da causa e do momento da morte, no que diz respeito ao corpo.

O corpo era de um homem de meia-idade, cerca de cinquenta anos, segundo minha estimativa, caucasiano, de altura e corpulência médias, vestido com um roupão sob o qual estava completamente nu. Também usava pantufas sem meias. Tinha uma calvície pronunciada, mãos bem cuidadas, unhas limpas e conservadas, sem aspereza nas palmas, portanto não era um trabalhador manual. Ele apresentava a clássica barriguinha da idade, não tinha o perfil de alcoólatra, mas não devia praticar esportes.

Como estava vestido apenas com o roupão, era muito provável que conhecesse bem o autor do crime e mantivesse com essa pessoa uma relação sentimental ou, pelo menos, uma relação sexual.

Uma garrafa de champanhe ainda fechada repousava em um balde cheio de água, mas sem gelo. Havia um balde de gelo à parte, também cheio de água, com um pegador e um picador de gelo ao lado. Portanto, o gelo tivera tempo de derreter antes de o corpo ser descoberto.

Por outro lado, a cama não estava desfeita, o que não fazia muita lógica naquelas circunstâncias. Fomos levados a pensar que o homem esperava a pessoa com quem mantinha uma relação sentimental ou sexual, mas que nada acontecera.

Dada a conjuntura, sugiro chamá-lo de Romeu. Vesti o conhecido macacão Tyvek. Nunca gostei de usar essa roupa, mas ela é indispensável nas condições de uma investigação judicial quando o laboratório ainda não terminou completamente seu trabalho e pode haver mais evidências a serem coletadas. Eu parecia um boneco de marshmallow, nem um pouco sexy, mas isso definitivamente não importava naquele momento. É por isso que as séries CSI nunca mostram seus atores vestidos com esse macacão, apesar de ele ser amplamente usado nos Estados Unidos por todos os técnicos de cena de crime. Além disso, ele é quente. É um traje projetado para não perder nenhuma de suas fibras nas cenas de crime e para não capturar nenhuma fibra que esteja no corpo — portanto, sua trama é bem apertada, o tecido não deixa passar nada. Depois de alguns minutos, é como estar numa sauna. Além disso, sempre uso uma lanterna de cabeça que me permite ter uma excelente iluminação da área que estou examinando, indispensável para não perder nada.

O corpo estava deitado de costas, com os braços ligeiramente afastados. No roupão, na altura da região cardíaca, via-se sangue. Ao me aproximar, percebi um buraco que de fato sugeria a passagem de um projétil. Antes de despir o corpo, não percebi nenhum outro dano na roupa, nem outra lesão nas áreas visíveis.

Prossegui com a retirada da roupa, mas o corpo já estava rígido, o que sempre constitui um sério obstáculo. Precisei primeiro romper a rigidez dos membros superiores. Salvo casos muito particulares, o corpo fica rígido em doze horas. A rigidez começa duas horas depois da morte, pelas mandíbulas, e se espalha gradualmente por todo o corpo, desaparecendo de 24 a 36 horas depois da morte. Assim, já posso estimar que a morte ocorreu entre doze e 24 horas antes. Romper a rigidez em um homem saudável é sempre muito difícil, pois é preciso vencer a resistência dos membros, que depende da massa muscular. E aquele senhor, mesmo não sendo um fisiculturista, tinha uma boa massa muscular. Comecei a romper essa rigidez sob o olhar um tanto quanto divertido de um bando de magistrados e policiais, o que me dava a sensação de estar fazendo exercícios físicos na frente de um grupo de examinadores. Sempre há alguém para dizer: "Se exercitando, doutor?", "Músculos em dia, doutor?", "Não precisa passar na academia hoje", "Um, dois! Um, dois!".

Romeu ficou como veio ao mundo, ainda deitado de costas. Ele realmente apresentava um orifício de passagem de projétil na região cardíaca. Era um belo orifício de entrada, digno de manual. Um buraco de nove milímetros de diâmetro com uma gola erosiva. Não havia gola de enxugo, pois, dada a presença do roupão, o projétil provavelmente ficou limpo ao atravessá-lo antes de atingir a pele.

"Então, doutor?"

"Bem, senhor juiz, há um orifício de entrada de projétil na região cardíaca, vou virar o corpo para verificar se saiu."

Antes de virar o corpo, examinei com muita atenção sua face anterior, apalpei o crânio, os membros, o tórax e a pelve em busca de possíveis fraturas, e só então, não encontrando mais nada, virei-o.

Romeu estava com um cheiro bom, ele se perfumara. Um cadáver perfumado é um acontecimento suficientemente raro para ser mencionado. É mais um elemento que sugere que ele esperava alguém, e não para jogar cartas. Mas onde estaria Julieta? Romeu estava solteiro desde que a esposa o deixara para viver com seu melhor amigo, com quem ele havia rompido desde então, o que é bastante compreensível. Mas Romeu se recuperou rapidamente. Depois de alguns meses conheceu outra mulher, mas o caso não durou. Ele queria se sentir livre e não planejava entrar em um novo relacionamento. Segundo o vizinho, Romeu colecionava conquistas femininas, colecionava Julietas, o que não agradava a esposa do vizinho:

"Quando se leva a vida desse jeito, dá nisso", ela disse aos policiais enquanto olhava para o marido, para que ele entendesse bem a lição caso sonhasse com algo parecido.

Nessas circunstâncias, são os maridos ciumentos que costumam cometer tais atos, especialmente com armas de fogo. Não sei por que motivo, mas o assassinato por arma de fogo é mais usual entre homens; é uma observação corrente o fato de as mulheres não as utilizarem muito.

Pode ter sido o marido ou o companheiro de uma delas que cometeu o crime, restava encontrá-la para determinar o possível culpado.

O corpo agora estava deitado de bruços. Comecei a procurar o orifício de saída, mas não como um cão endoidecido que corre de um lado para outro sem prestar atenção em nada. Iniciei o exame pela cabeça e fui descendo até os pés, depois fiz o caminho inverso e anotei tudo o que precisava ser registrado, que no caso de Romeu era nada — não havia absolutamente nada, nenhum vestígio de orifício de saída ou qualquer outro sinal.

Pode acontecer de um projétil ser desacelerado pelo contato com um osso. Quando entra na parte anterior esquerda do tórax, ele pode ser contido por uma ou mais costelas. Nesse caso, o projétil talvez perca energia suficiente para não conseguir atravessar a pele. A pele é um tecido elástico e resistente e, muitas vezes, encontro projéteis que não têm força para atravessá-la, ficando presos. Uma simples incisão com o bisturi — não sobre o relevo do projétil, mas ao seu lado para evitar deixar uma marca — permite extraí-lo. Apalpo as costas à procura do projétil, sem sucesso.

Assim como pode ser desacelerado, o projétil também pode ser detido por um osso. Nesse caso, eu o encontraria durante a autópsia. Como tudo indicava se tratar de um assassinato, a autópsia era indispensável não apenas para determinar com precisão a causa da morte e descartar outras possibilidades, mas também para localizar e analisar o projétil. Esse projétil é crucial para que o perito em balística possa identificar o tipo de arma usada, ou até mesmo a arma específica, ainda mais porque nenhuma arma ou cartucho ejetado foi encontrado na cena do crime. A ausência de cartucho no local pode ter três causas: não procuramos direito e ele está em algum lugar esperando por nós; o autor do disparo o levou consigo; não foi usada uma pistola, mas um revólver, e o revólver não ejeta cartuchos, os mantém no tambor.

Terminei a análise do corpo medindo a temperatura retal para estimar o momento da morte e fazendo coletas de sangue e urina para realizar eventuais testes toxicológicos, caso o magistrado desejasse.

Nos deslocamentos mais afastados do IML, as autópsias são realizadas ou num hospital com serviço de anatomopatologia e equipado com sala de autópsia, ou em uma funerária que também tenha sala de autópsia. No caso de Romeu, a autópsia foi feita em uma funerária, pois o hospital local não pôde nos receber devido a problemas técnicos. Não fiquei satisfeito, precisava de um exame radiográfico para identificar o projétil, pois dentro de um corpo é muito difícil determinar com precisão sua trajetória. É mais fácil no tórax do que no abdômen, porque os órgãos torácicos são fixos, ao contrário dos intestinos, que são móveis, então é complicado colocá-los na mesma posição que ocupavam na hora do disparo. Por outro lado, é raro que um projétil siga em linha reta, na maioria das vezes ele é desviado.

Se não podíamos ter uma radiografia, paciência, ficaríamos sem ela. A trajetória era torácica, a mais simples depois da craniana, então devia ser possível encontrá-lo. Comecei a autópsia numa sala magnífica, muito bem equipada, limpa e, acima de tudo, o que é extremamente importante para mim, aquecida. Sou bastante friorento e reajo de forma um pouco exagerada ao frio. Essa patologia afeta meus dedos que, em contato com o frio, enrijecem e doem a ponto de eu não conseguir trabalhar.

Então me vesti. Primeiro, coloquei um jaleco de cirurgião, depois um avental grande e azul com fecho nas costas, seguido de um avental de plástico que cobria toda a frente do meu corpo e, por fim, um par de botas. Os equipamentos estavam dispostos sobre uma pequena mesa: tesouras, pinças, uma serra de gesso para abrir a caixa craniana, bisturis com suas lâminas, agulhas e fio grosso para costurar o corpo uma vez terminada a autópsia. Tudo pronto.

Um dos meus assistentes se juntou a mim, pois sempre trabalhamos em dupla para aumentar as chances de não perder nada. Todos estavam presentes — magistrados, policiais, laboratório —, então eu podia começar. O corpo estava disposto sobre a mesa de autópsia, deitado de bruços. O laboratório tirou fotos do corpo antes da primeira incisão, que marca o início do procedimento. Estávamos prontos para duas boas horas de trabalho, que é a duração média de uma autópsia quando não há complicações e os fatos são simples. Já em caso de múltiplas lesões, por exemplo, é comum levarmos três ou quatro horas, ou até mais.

A primeira incisão foi da nuca até o início das nádegas e da face dorsal dos membros inferiores até os calcanhares. Depois, passamos o bisturi entre a pele e os músculos, descolando a pele das costas e dos membros para evidenciar alguma lesão não detectada no exame externo. Procurei principalmente o projétil, caso estivesse subcutâneo, mas não estava visível e não havia qualquer outra lesão. Suturamos as incisões e fechamos o corpo. Em seguida, viramos o cadáver e o colocamos de costas.

A segunda incisão foi do queixo até o púbis, passando pelo pescoço, pelo tórax e pelo abdômen, enquanto a terceira foi de um ombro a outro, passando pelo relevo das clavículas, cruzando a segunda incisão à altura do esterno. Se você assistir a séries como CSI, verá que as incisões dos estadunidenses são diferentes, pois não prolongam a segunda incisão na região do pescoço. Fazem uma espécie de Y que vai do púbis ao esterno e de um ombro a outro, sem atravessar a região do pescoço. Na Bélgica e na França, usamos um sistema que tem a clara vantagem de facilitar o acesso ao pescoço e oferecer uma melhor visualização dessa região, que merece cuidado especial na procura por sinais de estrangulamento, pois podem ser discretos, nos fazendo perder essa causa de morte. Falarei mais sobre isso em outro capítulo.

Após fazer essas duas incisões, puxei a pele, ou seja, separei-a das massas musculares logo abaixo, para verificar se não havia lesão pro-funda. Então, na região do pescoço, afastei todos os músculos um por um e os examinei em busca de lesões que indicassem um trauma, como marcas de estrangulamento. Depois, abri o tórax e investiguei as cavi-dades pleurais, que contêm os pulmões. Normalmente, elas guardam apenas os pulmões e um pouco de líquido, mas, no caso de Romeu, a cavidade pleural esquerda continha uma quantidade significativa de san-gue, cerca de um litro e meio, enquanto a cavidade direita continha um litro. No total, dois litros e meio, uma hemorragia muito grande, fatal, porque todo esse sangue se tornara indisponível para o organismo e não circulava mais. Pequenas quantidades de sangue não são um problema, mas dois litros e meio é uma perda fatal. Estamos falando de morte por hipovolemia, mas eu só poderia confirmar formalmente essa causa no final da autópsia, após averiguar se não havia outra possibilidade.

Depois das cavidades pleurais, examinei o coração e constatei que a membrana que o envolvia, o pericárdio, tinha um orifício no lado esquerdo. Abri o pericárdio, liberando o coração, que estava perfurado de um lado a outro. Ao levantar o órgão, vi que a face posterior do pericárdio também estava perfurada. A bala, portanto, estava alojada na coluna vertebral ou, mais provavelmente, no tórax direito, bloqueada por uma costela.

Continuei a autópsia pela extração do bloco coração-pulmões, que coloquei na mesa de dissecação enquanto meu assistente verificava a integridade do músculo diafragma para se assegurar de que o projétil não passara para a cavidade abdominal. Não parecia ser essa a trajetória, mas é sempre melhor apurar. O diafragma estava intacto, e a autópsia prosseguiu com o exame da cavidade abdominal e seus órgãos.

A dissecação do coração e dos pulmões começou por um exame externo, antes de abri-los. O coração estava realmente perfurado de um lado a outro, com entrada pela parede anterior esquerda e saída pela parede do átrio direito. O coração é uma bomba aspirante-premente que recebe o sangue que volta de todo o organismo pela parte direita e o reenvia para todo o organismo pela parte esquerda. Ele é dividido em quatro cavidades, duas à direita e duas à esquerda, constituídas de cada lado por um átrio, cavidade pela qual o sangue entra no coração, e um ventrículo, cavidade pela qual o sangue sai do coração. As partes esquerda e direita do coração são separadas por uma parede chamada septo. Ao abrir o órgão, constatei que a bala passara pelo ventrículo esquerdo, atravessara o septo até o ventrículo direito e o átrio direito, e então saiu.

Em seguida, examinei os pulmões, que mostravam vestígios de perfuração à esquerda, o que era normal, mas nenhum à direita, o que era bem menos normal. Dada a trajetória, a bala deveria ter atravessado o lobo médio do pulmão direito, mas ele estava intacto, assim como os outros dois lobos, o superior e o inferior.

Olhando mais de perto, havia outra anomalia: o orifício de passagem do projétil na saída do átrio direito parecia ter cerca de metade do tamanho do orifício de entrada no ventrículo esquerdo. Isso pode acontecer, mas não em proporções tão significativas.

Meu assistente terminou a autópsia do crânio enquanto eu ainda procurava o projétil na cavidade torácica direita, sem encontrá-lo. Verifiquei todas as costelas, todos os espaços intercostais, a coluna vertebral, as junções das costelas na coluna vertebral, e nada. Removemos os coágulos de sangue que enchiam a cavidade pleural com uma concha medidora de alta precisão, o que nos permitiu medir seu volume. Eu esperava que, removendo esses coágulos, não tivéssemos retirado o projétil sem perceber. Então destruí todos os coágulos de sangue e inspecionei o orifício de escoamento da mesa de autópsia, que infelizmente não tinha grade e, portanto, não podia reter um objeto pequeno como um projétil. Não havia como usar um detector de metais, pois toda a mesa era de metal. Os funcionários da funerária fizeram a gentileza de desmontar o sistema de escoamento da mesa de autópsia na esperança de encontrar o projétil no sifão, mas não tiveram sucesso.

O mistério permanecia quando um dos policiais sugeriu uma teoria que vira num episódio da série CSI, em que o projétil era feito de gelo. Depois de perfurar os tecidos, ele derretia com o calor e desaparecia. Ele comentou isso de brincadeira, pois essas séries não são reconhecidas pela precisão científica, mas isso me lembrou de uma história semelhante que acontecera com uma das médicas-legistas que me treinara e que estava aposentada havia alguns anos. Essa colega, Bernadette, era muito engraçada. Séria no trabalho, mas sempre pronta para rir e com uma história para contar, inclusive uma em que, em circunstâncias similares, ela havia pensado se tratar de um assassinato por arma de fogo, mas não conseguiu encontrar o projétil. Ela também desmontou a mesa de autópsia e partes do corpo chegaram a ser transportadas para serem radiografadas em um hospital próximo, mas tudo sem sucesso.

Um buraco é um buraco. Ele pode ser produzido por qualquer objeto pontiagudo e, no caso em questão, de seção circular. O que nos fez pensar na passagem de um projétil foi o fato de haver uma gola erosiva em torno do orifício, típica de tiros por arma de fogo. Mas a verdade é que a gola erosiva é apenas o resultado de um atrito intenso na região do orifício, causado pelo objeto que penetra. Sistematicamente visível no caso da passagem de um projétil, ela também pode ser vista no caso de qualquer objeto que seja inserido no corpo com velocidade suficiente. Já a vi no contexto de penetração do tórax por uma chave de fenda ou por uma tesoura fechada empurrada a pontapés.

Na história de Bernadette, a arma havia sido um picador de gelo. Voltei ao local do crime com o laboratório, rompemos os lacres já colocados na porta da casa, entramos na sala onde o corpo foi encontrado e... milagre, sobre uma pequena mesa o picador de gelo nos esperava, ao lado dos baldes de champanhe. O laboratório o recolheu com muito cuidado e colocou-o em um recipiente próprio para manipular as evidências sem risco de alterá-las. Na parte pontiaguda do picador, vimos pequenas manchas que podiam ser sangue, e esperamos que houvesse impressões digitais no cabo.

Para mim, o trabalho estava terminado; para Jean, nem chegara a começar. O laboratório continuou as investigações, que revelaram, de fato, haver sangue na ponta do picador. A análise de DNA mostrou que era de Romeu. No cabo, havia impressões digitais parciais, mas suficientes para identificar a verdadeira Julieta entre as três suspeitas. Romeu decididamente morrera em plena forma.

A Julieta identificada era uma mulher casada e muito ciumenta. Ela espionava Romeu porque suspeitava que ele não fosse completamente fiel. Não havia descoberto nada, o que a tranquilizava, mas durante sua visita na fatídica noite, ao passar pelo banheiro, ela encontrou um pequeno frasco de perfume feminino que não lhe pertencia.

Sempre fiquei impressionado com essa incrível capacidade comum às mulheres e que parece faltar aos homens. Quando você recebe uma mulher em casa para passar a noite, depois de um dia ou dois sempre haverá um objeto discretamente deixado no banheiro ou em outro lugar. Você não o vê e nunca o verá, mesmo se procurar. Mas receba outra mulher nas mesmas condições e ela o notará e instintivamente saberá que o objeto não pertence a sua ex-mulher, de quem você acabou de se separar. Você estará frito! Sempre admirei essa capacidade incrível, especialmente desde que deixei de ser vítima dela.

Julieta ficou furiosa. Romeu tentou se defender, dizendo que o perfume era da ex-mulher, sem sucesso. Alegou então que não havia mal em sair com outras mulheres, já que Julieta era casada. Enfurecida por ser desprezada daquela maneira, ela pegou o picador de gelo que estava a seu lado e o enfiou no tórax esquerdo de Romeu. Em seguida, colocou-o de volta no lugar, sem limpá-lo, e foi embora.

Sharon, saia desse corpo!

Com as próprias mãos

As asfixias estão, com toda a certeza, entre as patologias médico-legais mais difíceis de avaliar. A palavra "asfixia" vem do grego e significa "interrupção do pulso". De acordo com essa tradução, toda morte seria uma asfixia, o que é verdade, pois o óbito se caracteriza por uma parada prolongada do coração que leva à morte das células cerebrais por falta de oxigênio, seguida de um edema no cérebro que, mesmo se o coração voltasse a funcionar, impediria que o sangue circulasse na cavidade craniana e irrigasse o cérebro devido ao espaço significativo então ocupado por este. Aliás, o que nos permite determinar a morte fisiológica de uma pessoa da qual se deseje retirar os órgãos é a observação, por meio de uma angiografia cerebral, da interrupção da irrigação sanguínea do cérebro. Nessas situações, o coração ainda bate, os órgãos são irrigados, mas o cérebro está morto. E essa é a condição necessária para que uma doação de órgãos possa ser realizada legalmente.

Na medicina legal, é crucial identificar a causa da asfixia, classificada por vários autores em diferentes categorias para facilitar o diagnóstico. O objetivo é determinar se a asfixia é natural, resultante de problemas internos do organismo, ou se foi causada por um agente externo. Isso pode incluir ações do próprio indivíduo, intervenção de terceiros ou acidentes que não envolvem outras pessoas.

O diagnóstico de asfixia no campo médico-legal é bastante difícil e, geralmente, realizado por exclusão, ou seja, a asfixia só pode ser confirmada quando outras causas de morte foram descartadas. É sobretudo por esse motivo, como já mencionei anteriormente, que uma autópsia deve sempre ser completa, para garantir que nenhuma outra causa de morte possa ser levantada.

Além disso, já encontrei vários casos em que, mesmo com poucas lesões no pescoço, uma pessoa morreu por estrangulamento manual, enquanto outra, apesar de apresentar várias lesões visíveis no mesmo local, estava viva e conversando comigo. Na verdade, não existe relação direta entre a gravidade das lesões e a ocorrência do óbito.

Nesse contexto, o diagnóstico de morte por estrangulamento manual, por exemplo, só pode ser feito por exclusão, pois a gravidade das lesões não explica a causa da morte. As lesões indicam que houve agressão, mas não necessariamente que essa agressão causou a morte. Portanto, a autópsia é indispensável para avaliar a extensão das lesões e confirmar se elas são realmente a única causa possível de morte. Mas a autópsia não basta. É preciso também realizar uma análise toxicológica de amostras de sangue, urina, fígado e rins, conteúdo estomacal e cabelos. Isso ajuda a determinar se a pessoa ingeriu ou recebeu medicamentos que poderiam ter provocado uma asfixia por depressão respiratória fatal. Nesse aspecto, estão incluídos todos os suicídios ou acidentes causados pela ingestão de medicamentos como os benzodiazepínicos, que são regularmente prescritos para tratar distúrbios do sono. A toxicologia é uma etapa que pode mudar completamente o curso de um caso.

Para complicar ainda mais as coisas, os serviços de emergência costumam intervir antes de nós, deixando ou produzindo marcas que podem ser interpretadas de maneira equivocada se não estivermos cientes de sua intervenção e do que fizeram.

Como se pode ver, a avaliação da morte por asfixia é extremamente complexa e requer todas as precauções possíveis. Em semelhante contexto, é muito fácil cometer um erro. Num caso em que um homem era suspeito de ter matado a esposa por estrangulamento manual, eu não fui ao local, não participei nem assisti à autópsia, e minha opinião foi solicitada com base em fotografias. O corpo apresentava algumas lesões anódinas, mas especialmente uma infiltração hemorrágica atrás da laringe. Essa lesão poderia ter sido causada tanto por uma forte pressão no pescoço quanto pela passagem do tubo traqueal colocado pelo reanimador durante a intubação da vítima. Quando vemos os danos que esses tubos podem provocar, especialmente às cordas vocais, fica claro que podem ser extremamente traumáticos. Trata-se, de fato, de um instrumento que chamamos de "contundente", ou seja, capaz de criar contusões, hematomas e lacerações. A intervenção ativa dos serviços de emergência é um fenômeno recente, o que levou uma equipe médico-legal alemã a realizar diversos estudos, muito interessantes, concluindo que podem ser considerados nossos inimigos quando a vítima morre por asfixia. No caso que estou relatando, a versão do acusado parecia perfeitamente plausível se levássemos em conta a intervenção dos serviços de emergência, especialmente porque o toxicologista havia indicado que os medicamentos e outras substâncias tóxicas encontradas no corpo da vítima poderiam por si só ter causado a morte.

Nessas situações, os grandes inimigos são dois: as manobras de reanimação e a putrefação, por motivos bem diferentes. As manobras de reanimação por causarem lesões que podem ser interpretadas como ações de terceiros, e a putrefação por apagar as lesões que nos permitiriam diagnosticar a asfixia.

Já perdi a conta do número de enforcados, afogados e suicidas por ingestão de medicamentos que examinei. Essas são as três causas mais comuns desse tipo de morte. Os enforcados costumam ser homens, os suicidas por ingestão de medicamentos são na maioria mulheres, enquanto os afogamentos não apresentam distinção de gênero. Já falamos sobre os enforcados e ainda vamos falar sobre os afogados, então não tratarei deles neste capítulo.

Morrer por ingestão de medicamentos não é fácil, ao contrário do que se imagina. Raros são os que realmente conseguem. Não darei a receita necessária para o sucesso, obviamente, mas não é nada simples. É verdade que a ingestão de medicamentos costuma ser mais um pedido de ajuda da vítima do que a expressão de um verdadeiro desejo de morrer, mas às vezes dá errado e alguns morrem.

Fui chamado para periciar o caso de uma mãe abandonada pelo marido com uma filha de dois anos, Justine. O casal já estava em crise havia algum tempo e, segundo eles, tinham tido a filha na tentativa de salvar o relacionamento, o que nunca é uma boa ideia; uma criança não é a solução. E o esperado aconteceu: Jean-Frédéric deixou Anne-Sophie para encontrar o amor nos braços de outra mulher. Anne-Sophie caiu numa profunda depressão, o que a levou a consultar um médico, que lhe prescreveu medicamentos para a depressão e também para dormir.

Em um momento de grande angústia, Anne-Sophie deu alguns dos medicamentos à filha Justine. Ela se arrependeu e chamou os serviços de emergência. A ambulância levou Justine ao hospital, onde Anne-Sophie explicou ao médico de plantão o que havia feito e disse que se arrependia amargamente.

A polícia, avisada pelos serviços de emergência, chegou ao hospital e prendeu Anne-Sophie por tentativa de infanticídio. O caso ganhou tal proporção que ela foi levada ao tribunal do júri. Durante meu depoimento na audiência, ao ser questionado pelo advogado de defesa se a vida de Justine estivera em perigo, respondi que não, pois a criança chegara ao hospital perfeitamente consciente. A lavagem gástrica retirara a maior parte das substâncias ingeridas e, tratando-se de benzodiazepínicos, é extremamente raro morrer por isso. O tribunal decidiu que se tratava de uma tentativa infundada e Anne-Sophie foi absolvida.

"Ela soltou um pum, senhor juiz."

William era conhecido por ser um bom rapaz. Com dezoito anos, cabelos desgrenhados, esguio, magro, bonito e exímio cavaleiro, ele começou a andar com más companhias, rapazes que conheceu nas competições de equitação das quais participava. Com dois deles, planejou um assalto. Eles esperariam a vítima no hall de entrada do prédio dela, a seguiriam até o elevador e, sob ameaça, a forçariam a abrir o apartamento para roubá-lo. Tudo correu bem até que, na entrada do apartamento, William e os dois cúmplices ameaçaram uma senhora, que começou a gritar. Ele tapou a boca da vítima com a mão enquanto os cúmplices pegavam as chaves e abriam a porta, permitindo que William a empurrasse para dentro, a imobilizasse no chão do hall de entrada, mantendo a mão sobre a boca e o nariz dela. Em dado momento, William percebeu que ela peidava e, depois, que não se mexia mais. Ele ficou enojado com o cheiro; como a mulher tinha soltado puns numa situação daquelas? Foi graças a essa confissão que William e seus cúmplices foram presos, pois o médico que havia atendido a vítima no local diagnosticara morte natural e nenhuma investigação havia sido requisitada. Isso só aconteceu muito mais tarde, quando eles foram presos por outros crimes e contaram tudo à polícia. Esse caso estava ligado a outros que a polícia associou ao grupo devido ao modus operandi sempre repetido, uma verdadeira assinatura.

A emissão de gases ou matérias urinárias e fecais ocorre com frequência durante as asfixias. Não é raro que isso aconteça em episódios de estrangulamento e enforcamento. A emissão de gases foi a prova de que William a matara por sufocamento, e ele a ofereceu de bandeja à polícia.

Esse fenômeno, aliás, está na origem da popular crença de que o enforcado tem uma ereção no momento do enforcamento. Podemos até ver nisso a origem do fetiche dos enforcamentos eróticos, destinados a satisfazer uma fantasia sexual. Na verdade, os enforcados não têm ereções, isso é uma grande piada. No entanto, pode haver perda de líquido seminal se ele estiver na posição vertical. Esse fenômeno está ligado ao relaxamento dos esfíncteres, que ocorre naturalmente no post mortem, as horas seguintes ao óbito. Isso acontece em todos os mortos do sexo masculino, mas praticamente só é visível nos enforcamentos, porque o corpo está na vertical e a gravidade permite que esse líquido saia dele.

"Alô, doutor? Poderia ir até a rua tal? Uma mulher foi encontrada morta na cama. Como é um casal que costumava brigar e a mulher tinha apenas quarenta anos, estou um pouco preocupado."

A polícia me aguarda, assim como a equipe do laboratório, que ainda não começou a trabalhar, pois quer ter certeza de que sua presença é realmente necessária. Duas pessoas demorariam com facilidade duas horas para realizar a tarefa, mas o corpo havia sido movimentado pelos serviços de emergência, o que tornava a ação do laboratório pouco pertinente. Marie-Émilie e Xavier estavam casados havia dez anos, tinham dois filhos, mas o casamento estava em crise fazia algum tempo, a ponto de a polícia ter tido de intervir duas vezes em um mês por agressão física. A situação havia piorado recentemente, quando Marie-Émilie descobrira que Xavier tinha uma amante. Ela não gostou nada daquilo e pediu a Xavier que saísse de casa e fosse morar "com aquela vagabunda". Ele não obedeceu e não tinha intenção de fazê-lo. Isso acontecera dois dias antes. Naquele dia, Xavier se levantou e foi comprar o café da manhã na padaria ao lado, como fazia todos os domingos, mas ao voltar descobriu Marie-Émilie morta na cama. Xavier chamou o serviço de emergência, que moveu o corpo para a lateral da cama e iniciou uma reanimação que em poucos minutos se revelou inútil. A polícia apareceu logo depois. Os policiais já conheciam bem o casal, pois tinham estado ali na semana anterior, quando Marie-Émilie fora levada ao hospital para um exame de corpo de delito.

A casa estava perfeitamente arrumada, tudo parecia no lugar, não havia uma poeirinha sequer sobre os móveis, parecia uma casa desabitada ou a casa modelo de uma família exemplar. O corpo de Marie-Émilie estava no quarto, no segundo andar. Suas roupas estavam arrumadas, dobradas ao pé da cama.

Os policiais me explicaram que Marie-Émilie fora encontrada pelo serviço de emergência deitada de costas, com roupas de dormir, coberta pelo edredom até o peito, com os dois braços embaixo dele.

Antes de tocar o corpo, notei uma grande mancha de urina. Quando a morte é claramente suspeita, que era o caso de Marie-Émilie, é essencial certificar-se disso antes de mobilizar toda a estrutura (magistrados, polícia judiciária), por isso o médico-legista realiza seu exame passo a passo. Na verdade, eu já podia parar ali mesmo, pois a mancha de urina, por si só, era suficientemente suspeita para desencadear a preservação da cena do crime: sua presença sugeria um quadro de asfixia. No entanto, fui um pouco mais longe, apenas com os olhos, e constatei uma evidente cianose, que também indicava asfixia, e depois notei a ausência de petéquias, o que praticamente excluía a hipótese de constrição do pescoço com as mãos ou com uma corda. Em seguida, coloquei os dedos em sua boca para abri-la e constatei hematomas na face interna dos lábios.

Pronto. Restava apenas realizar uma autópsia e uma análise toxicológica para excluir qualquer outra causa, mas, se esses dois exames retornassem negativos, tratava-se de uma morte por sufocamento. O autor devia ter usado um travesseiro, uma almofada ou qualquer outro objeto macio sobre a boca e o nariz de Marie-Émilie, causando uma asfixia que levou à cianose e ao relaxamento do esfíncter da bexiga.

A perícia criminal foi requisitada, a investigação avançou rapidamente e Xavier confessou tudo. Note que ele estava encurralado, pois o assassinato havia sido comprovado e apenas ele poderia ter cometido o crime naquelas condições!

As lesões que me levaram ao diagnóstico eram mínimas, mas decisivamente reveladoras. Talvez passassem despercebidas por qualquer médico que não fosse legista, o que seria perfeitamente normal.

Falar demais

É o fim de um dia de trabalho, por volta das cinco da tarde. Homens se reúnem nos bistrôs desde que estes existem, ainda que eu sempre tenha achado estranho esse ser um costume tão masculino.

"Bistrô". A palavra teria vindo da época da ocupação de Paris pelas tropas cossacas em 1814 e significaria "rápido". Com pouco tempo livre, os soldados a usavam para pedir aos donos dos estabelecimentos que trouxessem rapidamente a bebida solicitada. Essa etimologia não é consenso, mas gosto dela. Se você for a Montmartre, em Paris, na Place du Tertre, verá um restaurante chamado Chez la Mère Catherine, cuja fachada vermelha tem uma placa que conta essa história, colocada ali para celebrar o 180º aniversário da descoberta da palavra pelos parisienses.

Claude estava no bistrô como quase todos os dias, mas mais frequentemente desde a morte da esposa. Pobre Claude, ao voltar para casa depois de um dia de trabalho, ele a encontrara morta com um tiro na boca. A mulher usara a arma que ele escondia havia anos na gaveta da mesa de cabeceira, uma velha arma que pertencera a seu pai e que ele nunca havia declarado.

Ele ligou para os serviços de emergência e fez tudo o que lhe instruíram por telefone: verificar o pulso e, se não tivesse certeza de sentir algo, deitar a vítima no chão e realizar a massagem cardíaca. Ele fazia isso quando a ambulância chegou. Era como se uma parte do hospital houvesse chegado: médico, enfermeiro, motorista da ambulância e dois paramédicos com equipamento volumoso. Eles tentaram reanimá-la, sem sucesso. A polícia também apareceu, mas Claude não os viu.

O médico do serviço de emergência confirmou o óbito, mas não preencheu um único documento útil e válido para efetivamente constatar uma morte e que deve ser obrigatoriamente preenchido por um médico. Ele se recusou a fazê-lo, pois se tratando de uma morte violenta, aquilo não era de sua alçada, mas sim de um médico-legista, o que era verdade.

Os policiais, porém, em vez de esperarem por um legista que levaria uma hora para chegar, apesar de tudo já estar resolvido, pediram a um médico vizinho de Claude que preenchesse o documento. O médico passou no local, viu o corpo sem despi-lo e, notando que o nariz sangrava, sem se aproximar para confirmar sua hipótese, concluiu que o projétil havia passado pela boca, fraturando a base do crânio e causando o sangramento nasal.

Restava ligar para o procurador substituto, que, plenamente tranquilizado pelas explicações da polícia, decidiu "deixar o corpo para a família", o que significava que a investigação estava encerrada e que os relatórios deveriam estar sobre sua mesa no dia seguinte.

Desde que voltara a trabalhar, Claude ia ao bar todas as noites, onde bebia cada vez mais. Não havia ninguém em casa esperando por ele, ninguém para possivelmente lhe lembrar de que estava tarde e que ele já bebera o suficiente.

"Mas não é álcool, é cerveja" — quantas vezes não ouvi essa observação de alcoólatras crônicos com evidente obesidade abdominal? "Obesidade abdominal" é o termo que os médicos usam para descrever a barriga grande, chamada popularmente de "barriga de chope", em geral sustentada por pernas finas como palitos de fósforo, típicas do beberrão de cerveja.

Claude estava no balcão conversando com outro companheiro de infortúnios, bebendo cerveja após cerveja, quando Paul entrou no bar. Paul tinha tido um dia difícil e ainda dispunha de duas horas antes de ir buscar a filha mais nova na piscina, do outro lado da rua. Decidiu tomar uma merecida cerveja.

As pessoas podem ser irritantes, especialmente quando reclamam de coisas insignificantes. E naquele dia tinham se superado: primeiro, um senhor reclamou que o vizinho estava urinando em sua cerca; depois, uma senhora se queixou que o cachorro do vizinho fazia as necessidades na calçada dela. Só histórias fascinantes. Paul era policial e estava de plantão na recepção, um verdadeiro pandemônio. Ele deixou o uniforme no posto policial antes de acompanhar a filha na aula de nado sincronizado.

Paul se sentou ao balcão, pediu uma cerveja e começou a beber devagar, ouvindo distraidamente a conversa de Claude. Eles não se conheciam. Claude, já bastante embriagado, conversava com o vizinho. A esposa de Claude morrera, que tristeza, "como você consegue sobreviver a uma tragédia dessas?". A clássica conversa sobre viuvez.

Então Claude, com a confiança que só o álcool proporciona, certo de que o homem na sua frente era um amigo — é incrível como o número de amigos acompanha o aumento do teor alcoólico no sangue —, começou a dizer que enganara todo mundo, porque na verdade ele matara a esposa enquanto ela estava sentada na poltrona assistindo à televisão.

"Ela não sentiu nada, eu cheguei por trás e ela nem me viu."

Paul poderia ter pensado que era apenas conversa de bêbado e deixado tudo como estava, mas era um bom policial, consciencioso e conhecido por isso. Discretamente, perguntou ao dono do bar quem era o homem que perdera a esposa. Os donos de bares conhecem bem seus clientes habituais e costumam saber mais sobre eles do que suas próprias esposas. Paul ficou incomodado. E se fosse verdade? Procuraria o comissário, um homem sensato que saberia o que fazer. Paul não passou uma noite muito boa. No dia seguinte foi falar com o comissário, que, depois de uma breve pesquisa, encontrou o relatório dos policiais que intervieram junto aos serviços de emergência. Ele os convocou.

Esses primeiros intervenientes, como os chamamos, relataram suas observações: um marido devastado, um médico que determinara que o tiro havia entrado pela boca e saído pela parte de trás do crânio, um suicídio comum como tantos outros. Sim, mas havia um marido que admitia ter matado a esposa, é verdade que embriagado, mas, do mesmo modo que pode provocar fabulações, o álcool às vezes solta a língua. O comissário decidiu falar com o procurador de plantão, que levou o caso a sério e o encaminhou ao juiz de instrução.

"Alô, doutor? Tenho um caso um pouco especial, vou lhe contar..."

Assim fui requisitado para intervir. O juiz me informou que a senhora havia falecido cerca de três meses antes e que isso poderia ser um problema. Eu o tranquilizei, pois um tiro que atravessa o crânio sempre deixa vestígios interpretáveis por meses, até anos, desde que o crânio não tenha sido destruído pela decomposição, o que pode levar de dois anos à eternidade.

Tranquilizado, o juiz mandou exumar o corpo. Enterrado entre um metro e meio e dois metros de profundidade, o caixão estava um pouco danificado — todos ficam, devido ao peso esmagador da terra. A funerária, que tinha o coração tão firme quanto o nosso, abriu o caixão e retirou o corpo, ainda envolto no saco plástico especial que se dissolve na terra.

Sobre a mesa de autópsia, abrimos o saco e retiramos o corpo. Primeiro, é necessário despir o corpo para examiná-lo corretamente. Ele exibia um estado de putrefação típico para três meses embaixo da terra, mas o orifício de entrada do projétil ainda era claramente visível. Estava localizado na região occipital direita, ou seja, na parte posterior da cabeça. A putrefação fizera seu trabalho e não reconheci mais nenhuma característica de um orifício de entrada ou saída.

Procurei outras lesões, mas não encontrei, e, acima de tudo, procurei por outro orifício examinando o crânio minuciosamente, mas também não encontrei nada. Em especial, verifiquei o palato ósseo, ou seja, o céu da boca. O palato ósseo só pode ser acessado pela palpação ou pela autópsia, ainda não iniciada. Na palpação, não senti nenhum orifício, o que pode ter acontecido devido à putrefação, ou por causa das luvas que eu vestia, um pouco mais grossas do que as utilizadas habitualmente em cadáveres recém-mortos, ou mesmo por causa do calibre pequeno, um .22, que cria orifícios de no máximo seis milímetros de diâmetro.

O palato ósseo parecia intacto, sugerindo que não houvera entrada de projétil pela boca. Se isso fosse confirmado, significaria que o único orifício craniano visível seria necessariamente o de entrada. Nessas circunstâncias, a bala ainda deveria estar dentro do crânio.

Para confirmar essa ideia, preferi realizar uma radioscopia antes de abrir a caixa craniana. Essa é uma técnica que nos permite visualizar a imagem radiográfica em uma tela sem a necessidade de revelar o filme. Temos um aparelho de radiografia na sala de autópsia, o que evita que precisemos transportar os corpos para um hospital, até porque não conheço nenhum hospital que concordaria em radiografar um corpo em decomposição, principalmente por causa do odor persistente.

Meu método é sempre o mesmo: verificar por radioscopia a presença de projéteis, identificar onde estão e por fim retirá-los. É bem mais simples do que ficar buscando aleatoriamente. Sempre imaginamos que, como nos desenhos animados, um projétil entra e sai criando um túnel, ou ao menos traçando uma trajetória retilínea e fácil de rastrear.

Bem, engano seu! Acredite na minha experiência: é muito importante saber onde o projétil está, caso contrário você não vai encontrá-lo com facilidade, ou, no caso de múltiplos tiros, vai simplesmente perdê--los. Dentro de um corpo, dependendo de sua natureza e velocidade, o projétil pode ter uma trajetória surpreendente, sobretudo se desviado por um osso. No caso de disparos múltiplos, sempre é um verdadeiro quebra-cabeça reconstruir trajetórias precisas e determinar qual orifício de entrada corresponde a qual orifício de saída ou à bala ainda presente no corpo.

Liguei o aparelho de radioscopia, alinhei-o ao crânio e bingo, um projétil estava perfeitamente visível na caixa craniana, logo acima do olho esquerdo. A solução estava ali. O orifício no occipital direito só podia ser de entrada, e não de saída, como o médico estimara. E uma entrada occipital não é compatível com um suicídio. Quem iria colocar a arma quase na nuca para se suicidar?

Quanto ao sangramento nasal que enganou o médico que assinara o atestado de óbito, a autópsia mostrou que, em sua trajetória, o projétil fraturou a base do crânio, causando o sangramento que o fez acreditar que o projétil passara pela boca.

Na medicina legal não se trata de acreditar, qualquer um é capaz disso, mas de demonstrar, o que justifica nossa especialização.

De minha parte, isso foi feito; restava realizar a autópsia para verificar se havia outras lesões, como golpes ou vestígios, e para recuperar o projétil, essencial para o estudo balístico que seria realizado.

É por isso que Claude não deveria beber e, principalmente, não falar tanto. O assassinato teria sido perfeito. Situações desse tipo são engraçadas quando lidas em um livro. São muito menos agradáveis quando se imagina que um assassinato pode "passar despercebido" porque os meios necessários não foram mobilizados desde o início.

Não devemos culpar os policiais, pois não existe uma diretriz ministerial que ordene a análise sistemática de todos os corpos mortos de forma violenta. Pode ser surpreendente o Ministério da Justiça não estar à frente das investigações de assassinatos que podem passar impunes sem a intervenção de um médico-legista. O fato é que o Ministério prefere responsabilizar os médicos generalistas e outros médicos de plantão que se deparam com cadáveres, mas cuja especialidade não é examiná-los. Não se pode culpar um médico generalista por não detectar um assassinato quando o crime não é evidente, pois não é sua especialidade.

"Só se faz bem o que se faz com frequência", costumo dizer. Não me peça para tratar um paciente com alguma doença, pois já faz mais de trinta anos que minha prática se limita a perícias em vivos e autópsias em mortos; faz trinta anos que não trato ninguém.

Anos atrás, prescrevi um medicamento para meus pais. O farmacêutico me ligou para dizer que ele não existia havia quinze anos. Minha função não é tratar, assim como a função de um médico plantonista, generalista ou não, não é autopsiar um cadáver.

Falei sobre isso amplamente, em várias ocasiões, com o Ministério da Justiça. Só perdi meu tempo. A lógica dessa instituição não é a lógica da justiça, mas a lógica financeira, a ponto de me dizerem, depois de eu explicar que poderíamos descobrir muitos assassinatos que de outra forma passariam impunes, o que não deveria ser dito num Estado de direito:

"Mas sr. Boxho, nossas prisões estão lotadas!"

O complô das mulheres

"Minha tia matou meu tio."

Assim começa o depoimento de Teresa. Ela é uma mulher pequena, de origem italiana, cujos pais tinham se mudado para a Bélgica antes de seu nascimento. Mais tarde, nasceu a última irmã de seu pai, Filomena, e elas foram criadas juntas. Com apenas dois anos de diferença, cresceram como irmãs, compartilhando tudo, e nunca se afastaram, pois eram quase vizinhas. Teresa se casou, mas acabou ficando sozinha depois que o marido a abandonou por outra mulher, uma amiga dela. Nunca suspeitara de nada. Filomena sempre esteve ao seu lado, nos momentos difíceis e em todos os outros. Ao contrário de Teresa, Filomena teria gostado se seu marido fosse embora com outra.

Mas quem iria querer o marido? Mario era um italiano bonito, gentil e atencioso que ela havia conhecido quinze anos antes em um baile do bairro. Ele queria construir uma família, ter filhos, era o homem ideal aos olhos de Filomena, um pouco tedioso para Teresa. Seis meses depois de se conhecerem, Filomena e Mario decidiram unir suas vidas na alegria e na tristeza, como se diz. A alegria passou rapidamente, e veio a tristeza. Eles não puderam ter filhos, uma incapacidade de Mario, segundo os médicos, irremediável mesmo com fertilização in vitro. Que decepção! Por um tempo consideraram a adoção, mas acabaram desistindo. Os entraves burocráticos eram tantos que pareciam insuperáveis. Mario se culpava, como se aquela incapacidade afetasse sua virilidade. E Filomena estava ali para lembrá-lo disso a cada oportunidade, a cada briga. E as brigas eram frequentes, e foram se tornando cada vez mais. Mario parou de se cuidar, começou a se acomodar. Compensava sua frustração comendo. Comia demais, coisas doces demais, adorava em especial aquelas guloseimas que ficam estrategicamente posicionadas perto dos caixas nos supermercados. Não precisamos nem procurar, elas estão ali, esperando por nós assim que passamos pelo caixa, um verdadeiro incentivo à alimentação não saudável.

Mario se tornou obeso. O médico da empresa fez uma coleta de sangue que mostrou que ele estava desenvolvendo diabetes e precisava consultar seu clínico geral. Diabetes — a palavra soava como uma punição por todos os anos de alimentação ruim e abuso de doces.

"Com todas as porcarias que você come, é claro que isso aconteceria", gritou Filomena, como só ela sabia fazer.

Mario não tinha um clínico, e foi Filomena quem encontrou o dr. Patrick, recomendado por vizinhos muito satisfeitos com ele.

Filomena marcou uma consulta para Mario e decidiu acompanhá-lo. Ela queria ter certeza de que o marido não mascararia a verdade sobre seus hábitos alimentares. O dr. Patrick era um homem encantador, simpático, não muito bonito, mas tinha um charme irresistível. Filomena levou um tempo para se recuperar quando o viu. Ele havia "chamado sua atenção", como diria mais tarde. Ela falou no lugar de Mario, e não se esqueceu de mencionar nada ao médico. Se Mario disse três palavras, foi muito. Na medicina, conhecemos bem essas esposas que rapidamente se tornam mães dos maridos. Fazemos uma pergunta ao marido e é a esposa quem responde. Na maioria das vezes, eles nem tentam responder, tão acostumados com as esposas fazendo isso por eles. Isso sempre me deu a impressão de estar praticando medicina veterinária. "Então, cachorrinho, o que está acontecendo?", pergunta o veterinário, acariciando o animal para acalmá-lo, enquanto o dono responde, é claro. É a mesma coisa com casais como Mario e Filomena. Pior ainda, há esposas que mandam os maridos ficarem calados. Às vezes presenciamos verdadeiros excessos! Mario saiu de lá com uma nova prescrição para fazer exames de sangue, e Filomena com um grande fascínio pelo dr. Patrick, decidida a vê-lo novamente.

Ela começou uma verdadeira investigação. Primeiro viu o Facebook. As redes sociais são uma mina de informações, não apenas para Filomena, mas também para o fisco, que pode averiguar nosso padrão de vida e nossas férias, e para o empregador que quiser checar se estamos realmente tão doentes quanto dizemos estar. Numa época em que nunca se falou tanto sobre a vida privada, o Facebook pode parecer um site de voyeurismo e exibicionismo que vai contra a corrente.

No Facebook de Patrick, Filomena descobriu fotos de férias e achou que ele não ficava mal de sunga, com sua barriguinha de quarentão. Não havia fotos de esposa ou filhos, então Filomena deduziu que ele era solteiro e sem filhos, o que não a tranquilizou. "Um homem solteiro e sem filhos aos quarenta anos não reflete uma personalidade totalmente realizada", pensou; mas paciência, decidiu que na semana seguinte iria a uma consulta com ele alegando dores de cabeça. Quantas vezes ela não dizia a Mario que estava com dor de cabeça para evitar suas investidas? Dessa vez, as falsas dores serviriam para provocar investidas.

Para ir à consulta Filomena vestiu uma saia bastante curta, que revelava pernas ainda muito bonitas, e uma blusa justa que fazia com que seu sutiã médio parecesse bastante volumoso. Ela estava linda e, pela primeira vez em muito tempo, mostraria isso. Mario, esparramado em frente à televisão quando ela saiu, não notou nada. A consulta correu muito bem, o médico sorriu para ela o tempo todo, e Filomena teve até mesmo a impressão de que ficara mais tempo no consultório do que os dois pacientes anteriores. É preciso dizer que Filomena chegou bem cedo para a consulta marcada pela secretária do médico. Ele a examinou e, quando colocou as mãos em seu abdômen, ela teve um pequeno estremecimento, mas torceu para que não tivesse sido perceptível. As mãos dele eram quentes e secas, extremamente suaves quando comparadas às mãos ásperas de seu marido. No final do exame, o médico disse que ela não tinha nada de grave, o que não a surpreendeu, já que na verdade não tinha nada. Ele prescreveu analgésicos e uma ressonância magnética cerebral, pois ela havia mencionado que as dores de cabeça vinham piorando no último mês. A ressonância magnética era uma boa ideia, pois lhe daria uma excelente desculpa para voltar a ver o médico. Mas a próxima consulta demoraria, não se faz uma ressonância magnética como se faz um raio X; havia uma lista de espera e Filomena não conhecia ninguém que pudesse agendar uma com urgência para ela. Urgência? Que boa ideia! Filomena foi à emergência do hospital fingindo uma terrível dor de cabeça. Disse que seu médico já havia prescrito uma ressonância, mas ela ainda não havia conseguido fazê-la devido aos longos prazos de espera. O médico da emergência cuidaria disso, ela não precisava se preocupar. Duas horas depois, Filomena estava dentro da máquina. Nunca se sentira tão feliz ao fazer um exame. O resultado foi claro: ela não tinha nada e poderia ir para casa assim que a bolsa de analgésicos intravenosos fosse removida de seu braço.

"Meu médico receberá este exame?"

"Sim, e a senhora também, aqui estão os códigos de acesso."

No dia seguinte, Filomena estava na sala de espera do médico, sozinha. Ela escolheu o último horário do dia e torceu para que não houvesse nenhum outro paciente ou emergência depois dela. De jeans justos e blusa apertada, entrou no consultório. Dessa vez, o médico a notou. Ela viu em seus olhos que ele havia gostado dela. O momento era perfeito: ela o queria, ele estava atraído por ela, não havia pacientes depois e a secretária tinha ido embora. Estavam sozinhos no mundo. Não tinha como dar errado. O médico se aproximou para examiná-la e ficou de frente para ela. O coração de Filomena parecia a ponto de explodir, os batimentos cada vez mais fortes. Ele colocou o estetoscópio sobre a pele, ela sentiu o calor de sua mão, que, no entanto, não a tocava. Filomena não aguentou mais e, com as mãos, agarrou a cabeça dele pela nuca e o puxou para si. Seus lábios se tocaram, ela o beijou. Passada a surpresa, Patrick, cuja primeira reação havia sido recuar, deixou-se levar e até se atreveu a colocar a mão em seu seio. Filomena não poderia estar mais feliz. Ela queria mais, ele também, a mesa de exame serviria.

Foi assim que tudo começou. O que poderia ter sido apenas um caso se transformou num amor real entre os amantes. A única pedra no caminho era Mario. Por um tempo, os encontros depois das consultas pareceram uma boa solução, mas não poderiam continuar dessa forma. Precisavam achar maneiras de se ver em outros momentos, frequentar restaurantes, cinemas, viajar. A falta de liberdade de Filomena era ainda mais dolorosa porque Patrick era livre como o ar, exceto por sua clientela, que às vezes podia ser um pouco caprichosa. Patrick achava que Filomena devia se divorciar, mas isso não era uma opção, ninguém se divorciava na família extremamente católica dela.

"Então o que fazer, Filomena? Não vamos matá-lo, vamos?"

Ela não respondeu, perturbada, mas começou a refletir...

Tudo estava pronto, os últimos detalhes acertados havia dias, seria naquela noite. Os convites tinham sido feitos duas semanas antes e todos haviam confirmado presença, eles seriam oito. Haveria os vizinhos, um casal muito gentil, Teresa, um casal de amigos, Mario, Filomena e... Patrick. Filomena contara tudo a Teresa. Esperta, Teresa percebeu uma mudança clara em Filomena e entendeu que havia um homem por trás daquilo. Ela incentivou Filomena a falar, o que não foi difícil, pois Filomena estava ansiosa para compartilhar essa felicidade proibida, e quem melhor para isso do que Teresa, sua sobrinha, irmã e confidente? Teresa não viu grandes inconvenientes em sua tia se livrar do incômodo Mario, que vivia como um mexilhão numa rocha e despertava nela o mesmo interesse que o molusco em questão. Teresa até riu ao dizer que os mexilhões podiam pelo menos ser comidos. Em suma, vivo ou morto, ele não fazia muita diferença.

A tão esperada noite chegou, tudo estava pronto. O aperitivo foi servido à mesa. As mulheres forçaram um pouco, servindo champanhe.

"Pelo menos ele terá aproveitado sua última refeição, não somos más, afinal", disse Filomena.

Depois veio o prato principal, um cuscuz preparado com amor pelas duas. Os pratos foram servidos na cozinha, não havia travessas na mesa.

"Não quero manchar minha toalha branca", dissera Filomena.

Na cozinha, as mulheres colocaram no prato de Mario um medicamento fornecido por Patrick e destinado a causar a morte dele à mesa, diante de todos. Teresa triturara os comprimidos e despejara o pó num frasco pequeno, escondido no armário para evitar acidentes ou que Mario o encontrasse. Ele não seria retirado até o último momento. E o momento chegara! Sem vacilar, Teresa despejou a maior parte do pó do medicamento no prato de Mario.

Mario comeu tudo e, contra todas as expectativas, continuou vivo. Restava a sobremesa, um bolo coberto com chantili que Filomena havia comprado na padaria naquele mesmo dia. Ela hesitara em comprar um doce, afinal Mario estaria morto e ninguém mais teria coragem de comer a sobremesa. Mas depois pensou que poderia parecer suspeito. Então comprara o bolo, sem muita convicção, mas agora se parabenizava pela iniciativa. Ainda havia um pouco de medicamento em pó. Teresa espalhou o que restava sobre a fatia de Mario.

Foi então que ocorreu um problema inesperado: a nata reagiu com o medicamento, adquirindo tons esverdeados. A sala de jantar havia sido equipada por Mario com um reostato que permitia reduzir a luz sem apagá-la. Filomena diminuiu a intensidade da iluminação, dizendo que seria mais romântico. Graças a esse estratagema, ninguém viu nada, nem mesmo Mario, que devorou o bolo enquanto conversava.

O marido estava se levantando para pegar um licor digestivo quando desabou, derrubado por uma arritmia cardíaca. Patrick começou uma reanimação sem realmente revivê-lo, Teresa chamou os serviços de emergência, Filomena chorava inconsolável, os outros convidados estavam chocados e tentavam acalmá-la. A ambulância chegou, seguida pela equipe de emergência médica. Manobras reais de reanimação foram realizadas, mas, depois de vinte minutos, o inevitável aconteceu: Mario estava morto. Patrick redigiu o atestado de óbito por morte natural.

No funeral, poucas pessoas compareceram, pois Mario não tinha vida social. Os convidados da fatídica ceia estavam lá, contando aos outros como a morte havia acontecido. Tudo funcionara. O crime perfeito. Mas todos os crimes perfeitos têm falhas. A falha deste logo se manifestaria nas ações de Teresa.

Filomena e Patrick mantiveram discrição por algumas semanas, mas logo começaram a ser vistos juntos; em pouco tempo, não se escondiam mais. Tudo ia bem entre eles, Filomena agora vivia com Patrick, que não tinha a menor vontade de morar onde Mario havia vivido. O tempo corria suavemente, até o dia em que Filomena encontrou Patrick beijando Teresa. Foi um choque. Ela gritou, berrou, bateu em Patrick, deu um tapa em Teresa, ficou completamente fora de si. Como podiam ter feito isso com ela? Fazia quanto tempo? Eles já tinham cometido o irreparável? Filomena queria saber tudo.

"Quem é você para falar alguma coisa? Matou seu próprio marido!", gritou Teresa.

Foi a gota d'água, Filomena se atirou sobre Teresa. Seguiu-se uma briga com socos, pontapés, puxões de cabelo e mordidas, que Patrick tentou em vão apartar.

No dia seguinte, Teresa foi à polícia contar tudo, evitando mencionar sua própria participação e a de Patrick. Submetida a um interrogatório rigoroso, Filomena se encarregou de mencionar o envolvimento dos outros dois, e, como um bumerangue, Teresa acabou atrás das grades junto com o médico. Os três acabaram no tribunal do júri.

Nesse meio-tempo, desenterramos Mario para uma autópsia. Ainda encontrei vestígios do medicamento que o matou e que não fazia parte de seu tratamento. O juiz de instrução mandou exumar todos os mortos recentes da família para verificar se não tinham sido envenenados também, mas nada foi encontrado.

Envenenamentos sempre foram mais associados às mulheres do que aos homens, especialmente em tempos antigos, quando a única maneira de matar alguém era com a força física, o que geralmente deixava as mulheres com menos recursos.

Lembre-se das aulas de história: foi durante o reinado de Luís XIV (1643-1715) que ocorreu o famoso "Caso dos Venenos" (1672-9), um dos maiores escândalos de seu reinado, que envolveu até a amante do rei, Madame de Montespan. O caso começou em 1672, quando investigadores descobriram nos pertences de um falecido oficial de cavalaria cartas de sua amante, a marquesa de Brinvilliers, nas quais ela admitia ter envenenado o pai e os dois irmãos com uma mistura de arsênico e baba de sapo. A marquesa fugiu para a Inglaterra, depois para Valenciennes, e então para a Holanda, sendo finalmente capturada em Liège e extraditada para a França, onde foi julgada e executada por decapitação, em 1676. Depois foi incinerada e teve suas cinzas dispersas.

O caso ressurgiu alguns anos depois, em 1679, com o escândalo das missas em que um padre celebrava rituais ditos "satânicos" e, sobretudo, recitava a missa ao contrário, eventualmente sobre o corpo nu de uma mulher, fazendo sacrifícios de recém-nascidos. O caso mesclava magia, venenos e alguns nomes importantes da nobreza, o que levou Luís XIV a estabelecer uma "câmara ardente", um tribunal extraordinário, sob a direção do tenente de polícia La Reynie. Sua investigação resultou na prisão de várias envenenadoras, dentre as quais Madame Montvoisin, conhecida como "La Voisin", que fornecia diversos tipos de poções, algumas inofensivas, como filtros do amor, mas também pós destinados a matar maridos, pais e irmãos, por exemplo, possivelmente constituídos de arsênico. Foi nessa época que o arsênico ganhou seu título de "pó da sucessão". A filha de La Voisin fez revelações implicando figuras importantes do reino, como Madame de Montespan, a amante oficial do rei Luís XIV que teria adquirido as tais poções do amor de La Voisin. Sua intenção provavelmente era continuar desfrutando do amor do rei, que não era conhecido por sua fidelidade. Missas satânicas teriam sido realizadas sobre o corpo nu de Madame de Montespan, o que não foi comprovado, mas as acusações fizeram com que o rei a repudiasse. O caso dos venenos resultou em 442 acusações, 104 julgamentos e 36 condenações à morte, sobretudo de mulheres.

Durante séculos foi impossível detectar qualquer tipo de veneno, exceto o cianeto, que exala um cheiro de amêndoa amarga perceptível para aqueles geneticamente predispostos a senti-lo. É necessário um gene específico para sentir o odor de cianeto. Sem o gene, o cheiro não é percebido.

Em 1814, Orfila (1787-1853), médico e químico, decano da Faculdade de Medicina de Paris, publicou o *Traité des poisons* [Tratado dos venenos], que em 1826 se tornou o *Traité des poisons tirés des règnes minéral, végétal et animal ou toxicologie générale considérée sous les rapports de la physiologie, de la pathologie et de la médecine légale* [Tratado dos venenos dos reinos mineral, vegetal e animal, ou Toxicologia geral considerada sob os aspectos da fisiologia, da patologia e da medicina legal], numa época em que a química analítica dava seus primeiros passos. Ele descreveu os venenos e seus sintomas, classificou-os em categorias e abordou os métodos de diagnóstico, ainda muito limitados na época.

Em 1851, um belga conseguiu identificar um veneno, a nicotina. Essa é a substância encontrada, junto com outras porcarias, nos cigarros. Hippolyte Visart de Bocarmé, que teria sido conde se seu pai não tivesse sobrevivido a ele, enfrentava problemas financeiros que esperava resolver com a herança de Lydie Fougnies, com quem havia se casado em 1843. Mas sua parte na herança não seria suficiente, então ele também contava com a de seu cunhado, Gustave. No entanto, Gustave ainda estava vivo e, pior, planejava se casar com uma aristocrata empobrecida. Sob um nome falso, Hippolyte se matriculou em um curso de química na Escola Industrial de Gand, onde aprendeu a extrair o óleo essencial do tabaco. Ele produziu uma grande quantidade de óleo e o testou em animais antes de administrá-lo em seu cunhado durante uma de suas visitas ao castelo de Bitremont (em Bury, entre Tournai e Mons). Gustave morreu na frente de Hippolyte e da irmã, de uma suposta crise de apoplexia, um termo antigo para uma parada repentina da atividade cerebral, frequentemente causada por hemorragia. As autoridades locais, insatisfeitas com a causa da morte, ordenaram uma autópsia realizada por três médicos e encarregaram Jean-Servais Stas, um químico, da análise toxicológica. Stas cortou as vísceras em pequenos pedaços e as submeteu a um processo químico muito semelhante ao que ainda hoje é usado, descobrindo um alcaloide que ele identificou como sendo a nicotina: "Concluo que houve ingestão de substância venenosa pelo falecido. Essa substância é a nicotina, um álcali orgânico presente no tabaco e um dos venenos mais violentos de que se tem conhecimento". Nos pertences de Hippolyte, os investigadores encontraram um laboratório de química escondido acima de um teto falso: tudo se encaixava. Hippolyte Visart de Bocarmé foi considerado culpado e condenado à guilhotina. Ele foi executado em 19 de julho de 1851 na Grand-Place de Mons. Foi o último guilhotinado da cidade de Mons, e Jean-Servais Stas foi o primeiro a demonstrar a presença de nicotina.

Com Jean-Servais Stas, teve início uma era científica que descobriria inúmeros venenos e puniria muitos culpados. O reinado dos venenos terminaria, pois agora seriam detectáveis, e os criminosos não tardariam a ser descobertos. Desde então, os envenenamentos diminuíram significativamente, se não desapareceram. Embora tenham se tornado uma exceção, eles não devem ser negligenciados, pois alguns raros casos ainda persistem.

Em minha prática, só me deparei com uma única outra história, que identifiquei porque o corpo da vítima apresentava um claro atraso no aparecimento da rigidez, característico de um tipo específico de veneno.

Há alguns anos, um homem, a quem chamaremos Franz, que me viu na televisão, entrou em contato com minha secretária e marcou uma perícia. Fiquei incomodado, pois só presto consultorias por ordem judicial, o que não parecia ser o caso. Pensei que teria que explicar isso ao homem, mas não foi necessário: ele vinha por outro motivo.

"Doutor, venho vê-lo porque pego no sono na frente da televisão."

Amaldiçoei minha secretária por marcar uma consulta com um maluco.

"Eu também, senhor. Isso também acontece comigo."

"Não, doutor, o senhor não está entendendo. Isso acontece apenas em alguns dias. Pego no sono e minha esposa precisa me acordar de manhã para que eu vá trabalhar, e depois eu fico sonolento o dia todo."

O homem começou a me interessar. Ele não era nem um pouco louco, pelo contrário. Vivia com a esposa Antoinette e o bebê recém-nascido em uma casa clássica, de construção recente.

"E o senhor é o único a apresentar esses sinais? Sua esposa não sofre do mesmo mal?"

"Não, doutor."

"E o senhor só tem esses sintomas à noite, nunca durante o dia?"

"Exatamente."

"Não apresenta outros sintomas como náuseas, vômitos, dor de cabeça, desmaios, zumbidos nos ouvidos, dor de estômago?"

Depois de esgotar todo meu estoque, ficou claro que, além de um sono profundo, não havia outros sintomas, o que não fechava diagnóstico com nenhum dos envenenamentos que eu conhecia. Então tive uma ideia que nos forneceria a solução.

"O senhor come a mesma coisa que sua esposa?"

"Sim, doutor."

"Não haveria algo que o senhor beba e sua esposa não?"

Depois de uma breve reflexão, Franz me disse:

"Sim, o café, é ela que o prepara enquanto assisto às notícias."

Eu tinha uma pista.

"Sua esposa sabe que o senhor veio me ver?"

"Não, eu não quis contar a ela. Pensaria que estou louco."

Não ousei dizer a ele que essa também fora a minha primeira impressão.

"Por que não consultou seu médico?"

"Porque não tenho um."

"Bem, escute minha sugestão."

Entreguei a ele sete frascos de coleta, como os usados para sangue ou urina, pedindo-lhe que coletasse uma amostra do café servido todas as noites por sua esposa, antes de beber, e escondesse bem os frascos depois. Cada frasco tinha uma etiqueta indicando o dia da semana, e ele concordou em desenhar uma cruz nos frascos dos dias em que adormecesse.

"O senhor acha que minha esposa está me envenenando, doutor?"

"Não acho nada neste momento, ainda estou tentando entender."

Eu não queria que seu comportamento mudasse, o que poderia chamar a atenção da esposa, que eu suspeitava ser a causa do problema, embora eu ainda não soubesse de que maneira.

Na semana seguinte, Franz esperava por mim com certa impaciência. Ele estava com todos os frascos que tinha escondido embaixo do sofá onde adormecia assistindo à televisão. Seguindo meu conselho, ele não disse nada à esposa. Encaminhei os frascos ao laboratório de toxicologia e, uma semana e mais dois cochilos no sofá depois, obtive os resultados. Recebi Franz para descrever e explicar os termos do relatório, que podem parecer outro idioma para um não iniciado. O exame havia detectado Valium, um hipnótico benzodiazepínico, em altas doses nos frascos marcados com uma cruz, que correspondiam aos dias em que

Franz adormecia. Ele ficou chocado, embora esperasse isso depois da primeira visita e das perguntas que eu fizera.

Franz prestou queixa à polícia, que foi até sua casa. A esposa logo confessou. A história era um tanto maluca. Ela havia dado à luz alguns meses antes e não queria se separar do filho. Mas Antoinette também tinha um amante e ficava dividida, com vontade de vê-lo. Então, para não ter que sacrificar nada, ela trazia o amante para casa enquanto colocava Franz para dormir na sala.

Franz aguentou firme e, dadas as circunstâncias, voltou a me procurar para solicitar um teste de paternidade. Ele fez bem, pois o teste demonstrou que ele não era o pai da criança. Seu mundo desabou para dar lugar a uma nova vida.

A morta que transpira
e outros afogados

Era sábado de manhã. Eu me levantei à mesma hora de sempre, 6h20, pois para não perder o ritmo o mais simples é mantê-lo. Dei uma breve passada pelo banheiro e depois pela cozinha, apenas para esvaziar a máquina de lavar louça, pois nunca tomo café da manhã. Na sequência, fui para o escritório, onde, exceto quando sou chamado para uma autópsia, passo a maior parte do dia redigindo relatórios, respondendo a e-mails, planejando minha agenda e pagando contas pendentes.

O plantão médico-legal envolve de duas a três chamadas por dia, essencialmente para examinar cadáveres, mas às vezes para avaliar uma pessoa que relata assédio sexual ou para examinar crianças possivelmente vítimas de maus-tratos.

Por volta das dez da manhã meu telefone tocou.

"Alô, doutor? Poderia ir até o endereço tal? Uma senhora foi encontrada morta na sala de estar e a funerária está intrigada."

Quando a funerária se questiona sobre uma morte, é melhor ouvi-la e começar a se preocupar, pois os funcionários estão tão acostumados a lidar com mortos que qualquer leve desconforto com um cadáver deve levar a investigações médico-legais.

Era uma casa pequena numa rua que margeava um rio, com a porta da frente dando diretamente na sala de estar, como nas moradias operárias dos séculos passados.

O corpo estava na sala, deitado num sofá de couro sintético marrom e coberto por um cobertor que deixava o rosto à mostra. O rosto de Anita parecia sereno, mas não se deve confiar nessa impressão. Eu sei que o rosto sereno do falecido sempre conforta as famílias e os entes queridos, mas isso serve apenas para consolá-los, dar um pouco de alívio em um momento difícil, porque, como veremos, não significa absolutamente nada.

Anita estava nua no sofá e seus cabelos apresentavam uma umidade anormal, aparentemente mantida pelo couro sintético. Os policiais me explicaram que ela era casada com François, que viviam juntos e não eram conhecidos por terem problemas conjugais. Não tinham ficha na polícia. Na noite anterior, depois de jantarem, Anita colocou os filhos de um e dois anos na cama. Em seguida, o casal assistiu ao programa *Vendredi tout est permis* [Sexta-feira tudo é permitido] e subiu para dormir.

Ao acordar, por volta das oito horas, François percebeu que Anita não estava na cama. Ele não ficou muito preocupado, pensou que ela deveria estar cuidando das crianças, que provavelmente a haviam acordado. Ele tinha um sono pesado, mas Anita não, ela acordava com qualquer barulho.

Depois de uma breve passagem pelo banheiro, François desceu e encontrou Anita inconsciente no sofá da sala e as crianças brincando no cercadinho. Ligou imediatamente para o médico de plantão, relatando a morte da esposa. O médico preencheu o atestado de óbito e François chamou a funerária. Em nenhum momento ele ligou para os serviços de emergência.

Comecei meu exame percebendo que os longos cabelos castanhos de Anita estavam úmidos, o que não era normal. Nesse momento, François entrou na sala.

Durante o exame corporal, o legista sempre fica sozinho com os policiais, ninguém é autorizado a assistir ao exame, muito menos um membro da família, dada a carga emocional que isso implica. Mas como François estava ali, perguntei a ele, intrigado, por que os cabelos da esposa estavam úmidos. Ele me explicou que Anita era um "verdadeiro radiador", que sempre estava com calor, mesmo no inverno, que dormia com poucos lençóis e às vezes descia para dormir no sofá da sala, onde ficava mais frio.

"Nua?"

"Sim, nua. Ela sentia muito calor."

"E os cabelos?"

"Sim, estão úmidos, é normal, ela transpira bastante."

Pensei que, naquele caso, ela não estava apenas suando, mas literalmente urinando pelos cabelos: algo inédito na história, o Nobel estaria ao meu alcance com um caso assim. Então percebi um líquido espumoso saindo pela boca e pelo nariz de Anita. Quando abri sua boca, o líquido escorreu em uma quantidade muito grande. Eu tinha acabado de identificar um "cogumelo de espuma".

O cogumelo de espuma é formado pela mistura de ar presente nos pulmões, água de afogamento e surfactante, uma substância que reveste as paredes dos alvéolos pulmonares. Ele é um indicador precoce e temporário de afogamento. Para as autoridades, de modo geral, afogados são aqueles cujos corpos são retirados da água. Da mesma forma que qualquer corpo mergulhado na água sai molhado, qualquer morto retirado da água é considerado afogado. No entanto, existem três tipos de "afogados": aqueles que realmente inalam água e morrem por causa disso, aqueles que morrem por hidrocussão ou choque térmico e aqueles que já estavam mortos quando foram atirados na água.

Como diferenciar um do outro? Todos nós já brincamos de ficar no fundo da piscina e segurar a respiração o máximo possível. A duração da apneia depende sobretudo do treinamento que temos, mas, independentemente disso, sempre chega uma hora em que precisamos respirar. Nós tentamos ao máximo, mas, quando não aguentamos mais, voltamos à superfície. A pessoa que se afoga não consegue voltar à superfície: depois de prender a respiração, a certa altura ela não aguenta mais e respira... água, ou seja, ela inala água.

Depois de um breve momento, essa pessoa perde a consciência e progressivamente entra em coma, que se transforma em morte, porque as células cardíacas não têm oxigênio suficiente para funcionar. Água entra nos pulmões quando a pessoa ainda está viva e, portanto, enquanto o sangue ainda está circulando. A entrada de água nos pulmões de uma pessoa viva é a causa de dois elementos indiciais fundamentais.

Primeiro, há a formação da espuma descrita, constituída pela água do afogamento, pelo ar presente nos pulmões no instante do afogamento e pelo surfactante pulmonar. Essa espuma sai pelo nariz e pela boca, formando uma espécie de cogumelo branco. O problema desse indício é que ele não ocorre sempre e sua duração, em geral, não ultrapassa 24 horas. Os corpos que recebo muitas vezes estão na água há mais de dez dias, tempo necessário para que subam à superfície devido à ação dos gases de putrefação. Quando esses corpos chegam até mim, o cogumelo de espuma já desapareceu.

Em segundo lugar, há a presença de diatomáceas, um fitoplâncton encontrado em todas as águas de afogamento. Elas não são visíveis a olho nu, pois têm de dois a duzentos micrômetros, a milionésima parte do metro, sendo detectáveis apenas ao microscópio. Seu pequeno tamanho permite que passem pela parede alveolar e entrem na corrente sanguínea que, como a pessoa está viva, ainda está circulando, fazendo com que sejam encontradas em todo o organismo. Portanto, fazemos coletas para verificar sua presença. E esse indício persiste tanto quanto o próprio corpo.

O choque térmico não deixa vestígios, mas se a pessoa foi morta antes de ser jogada na água, costumamos encontrar vestígios da causa da morte.

Anita, portanto, tinha espuma saindo pela boca. François, percebendo minha surpresa, disse:

"Isso está acontecendo o tempo todo, eu tento tirar, mas a espuma volta imediatamente."

Expliquei então a François que essa espuma era a prova de que sua esposa morrera afogada e, a menos que o rio do outro lado da rua tivesse transbordado durante a noite e invadido apenas aquela casa, tínhamos um problema.

Os policiais levaram François para ser interrogado. Diante dos argumentos que apresentei, ele logo explicou que o relacionamento não estava indo bem, sobretudo depois do nascimento dos filhos, duas gestações muito próximas com as quais havia sido difícil lidar. Naquela manhã, eles discutiram enquanto Anita tomava banho, deitada na banheira. Ele perdera a cabeça e a afundara na água.

François não queria matá-la, ela morrera rápido demais, segundo suas explicações, o que era pouco provável. Normalmente, a pessoa precisa respirar embaixo d'água, o que pode demorar — em situações estressantes isso pode ocorrer mais rápido do que quando se faz apneia com calma em uma piscina. Quando viu o que tinha feito, François tirou a esposa da banheira e tentou reanimá-la. Ele não ligou para os serviços de emergência, mas para um médico de plantão, e desceu o corpo de Anita para a sala de estar. O médico de plantão assinou o atestado de óbito, constatando o que para ele era uma morte natural.

Mais uma morte que teria passado despercebida, não fosse o incrível instinto da funerária. Não ouso imaginar o que teria acontecido se François tivesse esperado mais algumas horas para chamar a funerária ou se tivesse pensado em secar o cabelo de Anita.

Afogamentos são parte da rotina do médico-legista, sobretudo numa cidade em que há um rio, como é o caso da minha. Na bela cidade de Liège, os corpos que acabam na água, afogados ou não, geralmente aparecem em dez dias, mas isso varia de rio para rio em função da temperatura. Às vezes, eles nem aparecem, ou só muito tempo depois.

Um carro foi retirado de um curso d'água. Os policiais ligaram solicitando minha presença antes de informar ao magistrado de plantão que tinham dúvida se havia de fato uma pessoa no veículo. Na verdade, como costuma acontecer, o corpo não tinha mais membros nem crânio, levados pela correnteza, mas as costelas que vi eram claramente humanas. Retiramos o corpo para que eu pudesse examiná-lo. Não sobrara muito, apenas o tronco.

Nós o levamos para a sala de autópsia, e aquele foi um dos exames mais rápidos da minha vida. Ao abrir o corpo, não havia praticamente nada, o tórax e o abdômen estavam quase vazios. Só consegui dizer que se tratava de uma mulher.

Quanto à identificação, como a cabeça havia desaparecido, não podíamos examinar os dentes, e como também não havia membros superiores, era impossível uma análise das impressões digitais. A única possibilidade restante era coletar o DNA para análise. Mas isso não funcionaria, pois era necessário ter células mais ou menos intactas. Dado seu estado de decomposição, não devia haver nenhuma naquele corpo.

No fim, graças à placa do carro, que pertencia a uma mulher conhecida por tendências suicidas e que havia desaparecido junto com o veículo, conseguimos identificá-la.

Casos do tribunal do júri

Tanto na Bélgica quanto na França, a Cour d'Assises é um tribunal do júri especial no qual os juízes não são apenas magistrados, mas membros da sociedade civil, sorteados de listas eleitorais das províncias (na Bélgica) e dos departamentos (na França). Na França, as decisões da Cour d'Assises são passíveis de recurso desde uma lei do ano 2000, o que não ocorre na Bélgica. Da mesma forma, na França sua competência corre o risco de ser reduzida para acelerar os processos, que são de fato mais demorados nesse tribunal do que em outras jurisdições.

Eu tinha 27 anos quando compareci pela primeira vez diante da Cour d'Assises para apresentar um relatório de autópsia. Que estresse senti naquela ocasião! E não era para menos, tudo é feito para que esse tribunal seja impressionante, desde o número de pessoas que nos observam até os trajes dos magistrados, todos de vermelho, do presidente ao representante do Ministério Público, o que só aumenta o impacto sobre nós. Me explicaram que vestem vermelho porque um pode condenar e o outro pode requerer a morte, e uma morte sangrenta por decapitação, simbolizada pela cor das togas.

Na Bélgica, já faz muito tempo, desde 1996, que a pena de morte foi abolida. Aliás, ela não era praticada desde 1918. O rei sempre concedia seu perdão ao condenado, era uma tradição, a ponto de muitos terem esquecido que ela ainda existia no Código Penal.

Na França, o último condenado à morte foi executado em 1977. A pena de morte foi abolida em 1981, depois de um inesquecível discurso de Robert Badinter na Assembleia Nacional.

Se você estiver em Liège e tiver a boa ideia de visitar o Musée de la Vie Wallonne, verá, numa sala escura do primeiro andar, a última guilhotina da cidade. Ela não está sozinha. Em uma vitrine está exposta a cabeça mumificada de sua última vítima, Noël Rahier.

Esse homem foi condenado pelo assassinato do padre de um vilarejo dos arredores de Liège, que o surpreendeu enquanto ele o roubava. Apesar de negar o assassinato, Rahier foi reconhecido por vários moradores do vilarejo e em sua casa encontraram roupas bordadas com o nome do padre. Não era muito esperto, o sujeito. Foi o fim para ele, e a Cour d'Assises não teve dificuldade em reconhecê-lo culpado e condená-lo à morte. Foi executado em 26 de fevereiro de 1824, a última vez que a guilhotina de Liège foi utilizada.

Algo curioso e único em Liège: a jovem universidade, fundada em 1817, ainda não dispunha de peças anatômicas dignas desse nome, essenciais para ensinar anatomia aos estudantes, então a cabeça foi entregue a um professor, cujo nome não ficou marcado na história, que a mumificou. Ela permaneceu nas coleções de neuroanatomia por muitos anos. Acabou dentro de uma caixa, onde pude, quando monitor em anatomia topográfica (dissecação), manuseá-la. Um privilégio raro. Com mais de dois séculos, a cabeça está perfeitamente preservada, a boca entreaberta mostrando os dentes, os olhos fechados, os cabelos loiros ainda visíveis. Ela desapareceu por algum tempo, e quando reapareceu foi cedida ao Musée de la Vie Wallonne para servir à história de Liège.

Frequentei a Cour d'Assises em mais de trezentas ocasiões. Me sinto até um pouco parte de seus móveis e utensílios. Vi muitos magistrados, jurados e réus passarem por ali, e vivi muitas histórias. A seguir, conto algumas delas.

Certa vez, um advogado disse à sua estagiária:

"Quando fizer uma pergunta a um perito, você precisa já saber a resposta."

Ele não percebeu que eu tinha ouvido. Meu assistente estava depondo naquele momento, e logo seria a minha vez.

"Doutor, o senhor realizou a autópsia. O que pode nos dizer?"

Era um caso de alcoolismo. Tanto o marido quanto a esposa eram alcoólatras crônicos. Em uma manhã fui chamado porque o homem havia encontrado a mulher morta ao pé da cama. O médico havia chegado junto com a ambulância, rapidamente seguida pela polícia. Ele achou a morte um pouco suspeita, apesar do parecer dos policiais, por causa do estado dos dois cônjuges. Sob ordem do procurador, fui ao local e descobri, no corpo da vítima, marcas muito claras de estrangulamento manual. Informei ao procurador, que acionou o juiz de instrução e requisitou a polícia judiciária, bem como o laboratório. A autópsia confirmou que a mulher morrera por estrangulamento manual, demonstrado por marcas características de dedos e unhas na região do pescoço, tanto na frente quanto nas laterais esquerda e direita, e até na nuca. O autor claramente usara muita força sobre sua vítima, devia ser um homem passional.

O marido negava ter cometido o crime, mesmo depois que a investigação o levou à Cour d'Assises. Sua linha de defesa era que outra pessoa havia entrado na casa, estrangulado a esposa e ido embora. O tipo de defesa um pouco idiota que alguns adotam; não foi a primeira (nem a última) vez que a ouvi.

Quando terminei minha apresentação, o advogado se levantou.

"Doutor, o senhor examinou meu cliente e constatou que ele roía as unhas. Aliás, usou um termo muito curioso, chamou-o de onicófago."

"É verdade."

"Nessas circunstâncias", continuou o advogado, "poderia me explicar como, não tendo unhas, ele poderia deixar essas marcas no pescoço da pobre vítima, sua esposa adorada?"

"Senhor presidente, o meu assistente, aqui presente, é onicófago. Pode mostrar suas mãos", falei, me dirigindo ao assistente.

Ele obedeceu.

"Senhor presidente, como pode ver, ele ainda tem unhas. Onicófago significa que ele rói as unhas, não que não tem unhas. E, no caso que nos diz respeito, se esse senhor cometeu os fatos dos quais é acusado, essa é uma prova do vigor que descrevi, pois foi por causa dele que deixou tais marcas."

O advogado ficou atônito por um momento, e depois, virando-se para sua estagiária, disse:

"Viu? Quando não souber a resposta, não faça a pergunta."

Outra história da Cour d'Assises.

"Doutor", disse o advogado de defesa, "o senhor deixou de mencionar um elemento muito importante em seu relatório de autópsia."

"É mesmo? Poderia indicar meu erro?"

"Sim, o senhor não mencionou que a vesícula biliar da vítima estava cheia de cálculos."

"Verdade, porque isso não tem a menor relevância para o caso em questão."

"Ah, o senhor acha?", continuou o advogado. "Bem, está enganado. Pelo contrário, é muito importante, é a prova de que a vítima era biliosa, de temperamento colérico e agressivo. E foi esse temperamento que o levou a atacar meu cliente, que precisou se defender."

Eu não conseguia acreditar naquilo. Ao que tudo indicava, a cultura médica daquele advogado tinha sido aprendida nas comédias de Molière. A medicina, felizmente, evoluiu desde o século XVII.

"Senhor presidente, peço desculpa por meus trajes no dia de hoje. De acordo com o senhor advogado, eu deveria ter me apresentado diante de Vossa Excelência vestindo uma longa bata preta, um chapéu pontudo e uma máscara com bico de pássaro cheia de perfumes que, sem dúvida, teriam neutralizado qualquer doença presente nesta sala de audiências, pois esse é o traje típico de um médico da época à qual o senhor advogado nos remeteu. Foi com certa eloquência que o senhor advogado nos lembrou da teoria dos humores, criada por Hipócrates por volta de 400 a.C. e caída em desuso no século XVII."

O advogado ainda balbuciou alguma coisa antes de se sentar sob os sorrisos e as risadas discretas de todo o júri, dos magistrados e de seus colegas que representavam as partes civis. Até o acusado sorriu.

Outro caso da Cour d'Assises foi o de um homem acusado de matar a mulher de maneira inimaginável. Ele havia introduzido sua mão na vagina e, aparentemente, no ânus dela e retirado todos os órgãos, esvaziando-a por baixo. Nesse gesto, ele arrancara a aorta abdominal descendente, causando um óbito quase imediato por hipovolemia, ou seja, perda significativa de sangue. Era simplesmente inaudito, inacreditável, inimaginável; me faltam palavras ainda hoje para descrever o que aconteceu. Eu havia sido convocado à casa do acusado e lá encontrei projeções de matéria orgânica nas paredes do quarto, o único cômodo de sua quitinete, assim como nos sifões da banheira e das duas pias. Durante essa mesma busca, os policiais descobriram o casaco da vítima no cabideiro. O corpo foi encontrado enrolado dentro de um colchão, abandonado na rua alguns dias antes.

Ao fim de minha fala perante o tribunal, o presidente me perguntou:

"Doutor, quanto tempo uma pessoa pode sobreviver nessas condições?"

"Senhor presidente, a morte é imediata assim que a aorta se rompe, não há possibilidade de sobrevivência."

"Ao contrário do que o acusado afirma, a vítima não poderia ter se deslocado e aparecido na casa dele nessas condições, certo?"

"É totalmente impossível, senhor presidente."

Então o presidente se dirigiu ao acusado:

"O senhor mantém suas afirmações?"

"Sim, sim, senhor presidente. Ela chegou desse jeito, eu não fiz nada."

"Mas o senhor acabou de ouvir o legista dizer que isso é impossível. O que tem a declarar?"

"Não sei, pergunte a um médico."

Perdi a conta das vezes em que os jurados desmaiaram, de tão sensíveis às minhas descrições dos ferimentos das vítimas. No entanto, seria pior se eu corroborasse minhas afirmações com fotos tiradas durante a autópsia, o que nunca fiz, pois acho que seria extremamente chocante e poderia afetar seu estado emocional numa hora em que eles precisam reagir e agir de acordo com a razão. Em duas ocasiões, também testemunhei desmaios genuínos do acusado. É raro, mas acontece.

Com a idade, a Cour d'Assises se tornou para mim um tipo de jogo, que fez com que, em cidades pequenas como a minha, eu conhecesse muitos atores do processo, tanto magistrados quanto promotores e advogados. No entanto, e isso pode parecer surpreendente, assim que passo pela porta do tribunal entro em outro mundo, em que sei que não serei poupado de nada e que posso ser surpreendido a qualquer momento.

"Doutor, então o senhor realizou a autópsia do sr. fulano. O que pode nos dizer sobre isso?"

"Desculpe, senhor presidente, mas não realizei a autópsia neste caso."

"Ah, por que está aqui, então?"

"Para falar sobre o exame desse senhor, senhor presidente."

"Um exame, mas quem realizou a autópsia, então?"

"Ninguém, senhor presidente, ele ainda está vivo, acabei de conversar com ele na sala de espera."

Realmente havia motivos para a confusão. O homem havia sido atingido por um projétil disparado por uma *riot gun* a menos de um metro de distância. O tiro tinha sido disparado na rua pelo amante de sua esposa bem na hora em que uma ambulância passava. A ambulância, que voltava de uma ocorrência, pegou o homem atingido e o conduziu, com as sirenes acionadas, por um quilômetro e meio até um grande hospital de Liège bem na hora em que cirurgiões vasculares estavam terminando um procedimento. Eles não tiveram nem tempo de se despir e o homem já foi levado para o centro cirúrgico. O ventrículo direito estava comprometido, mas ele ainda estava vivo. Os médicos o operaram e o salvaram. Eram circunstâncias simplesmente excepcionais. Compreende-se a surpresa do magistrado. Foi uma das poucas vezes em que vi tanto o tribunal quanto o público, e até mesmo o acusado, rirem.

Vi o tribunal rir em outra ocasião e me senti constrangido, pois eu era a causa do riso. Um homem estava sendo julgado pelo assassinato de uma pessoa e pelo estupro de outra. Eu tive que examiná-lo na prisão. Mais especificamente, tive que examinar seu órgão genital em repouso e, se possível, em "ação", como pedia a requisição, e classificá-lo como "pequeno, médio, grande, muito grande ou desproporcional".

Pensei estar delirando diante daquele pedido. Incrédulo, telefonei ao magistrado, que confirmou não se tratar de uma piada.

Assim, eu precisaria de algo para estimular e provocar a ereção do homem durante o exame. Fui a uma livraria e pedi ao vendedor:

"Que revistas pornográficas você tem?"

Claramente surpreso, o vendedor, num tom muito mais baixo que o meu, indicou-me a prateleira de cima. Como eu não estava familiarizado com esse tipo de literatura, pedi-lhe que me desse dois dos melhores títulos, o que ele fez. Foi só quando pedi a nota fiscal que ele pensou se tratar de uma pegadinha. Tive muita dificuldade de convencê-lo do contrário. Mas eu gostaria de ter visto a cara do inspetor financeiro do Ministério da Justiça ao ver aquela nota.

Na enfermaria da prisão, encontrei-me com o detento.

"Senhor, sou o médico-legista encarregado pelo magistrado de examinar seu pênis em repouso e, se possível, em ação, para medi-lo."

"Sim, meu advogado me avisou. Eles poderiam ter enviado uma mulher."

"Sinto muito, senhor, mas não é possível. Eu trouxe algumas revistas para ajudá-lo."

Depois de medir seu pênis em repouso, mostrei-lhe uma pequena sala onde ele poderia se isolar. Depois de alguns minutos, ele me encontrou na sala ao lado e me mostrou o que havia conseguido fazer naquelas condições, o que foi muito pouco.

"Sua ereção não está completa, mas vamos seguir em frente."

"Sabe, doutor, não é simples nessas condições."

Concordei com ele.

Chegou minha vez de testemunhar perante o tribunal do júri. Apresentei o relatório de autópsia, depois o presidente me disse, com um sorrisinho:

"Doutor, confiei-lhe outra missão, devido ao fato de a senhora fulana ter declarado ter sido obrigada a fazer sexo oral no sr. fulano, que ela descreveu com as seguintes palavras: 'Ele era enorme'. Então eu lhe peço que faça sua constatação."

Era por isso que eu havia recebido uma missão tão especial.

"Bem, senhor presidente, fui à prisão onde, de acordo com sua ordem, pude examinar o pênis do sr. fulano em repouso. No entanto, ereto foi mais complicado."

Antes que eu pudesse concluir a frase, o acusado, se sentindo visivelmente atacado em sua virilidade, se levantou e declarou:

"Senhor presidente, estou à disposição do doutor, quando ele quiser, para mostrar que sou homem."

Sem me deixar desconcertar, acrescentei:

"Não será necessário, senhor presidente, pois enfrentamos um duplo problema que torna este exame bastante difícil de interpretar. Primeiro, não temos um padrão, uma tabela, nenhum referencial que nos permita saber o que é um pênis pequeno, médio, grande, muito grande ou desproporcional."

Até então, tudo corria bem, mas as coisas estavam prestes a se complicar. Eu esperava encontrar com o presidente antes da audiência para conversar sobre esse assunto. Também tentara contatá-lo por telefone, mas, obviamente, ele não estava disponível.

"Além disso, senhor presidente, como posso dizer... O senhor sabe que na vida muitas coisas são relativas. Bem, esse é o caso. O que é pequeno para um pode ser grande para outro."

"O que quer dizer com isso, doutor? Explique-se!", insistiu o presidente em tom imperativo.

Eu estava encurralado. Então, com o máximo de delicadeza, disse:

"A avaliação do tamanho do órgão genital desse senhor depende da anatomia da senhora. Enfim, seria necessário compará-lo com a capacidade de abertura bucal dela."

Houve risadas gerais. A sessão foi suspensa. Fiquei um tanto constrangido.

Epílogo

Como o senhor consegue ter esse trabalho, doutor?

"Como o senhor consegue ter esse trabalho, doutor?"

Essa é uma das frases que mais ouvi ao longo de minha carreira, junto com "como você faz, doutor?", "não tem pesadelos à noite?", "como consegue viver com tudo o que vê?". Enfim, perguntas que poderiam ser resumidas numa só: "Você é normal, doutor?".

É uma boa pergunta. Acho que posso responder que sim. Levo uma vida normal com minha família, tenho uma vida social bastante ativa, muitas relações, amigos e colegas, nunca perco uma oportunidade de me divertir, meu horário de almoço é sagrado e geralmente ocupado por um encontro em algum restaurante, a menos que eu esteja de plantão. Não tenho nenhuma perversão conhecida e, acima de tudo, tenho um cérebro que funciona por compartimentos. A medicina legal é um compartimento, enquanto minha vida fora do trabalho é cheia de outros compartimentos. Não há interconexão entre eles a menos que eu deseje.

Há alguns anos, fui acompanhado por uma equipe de televisão. Estávamos no carro, entre duas autópsias, e a câmera estava ligada, mas eu não havia percebido. De repente a jornalista, chamada Sophie, me perguntou: "E como se sai de uma situação dessas, doutor?". Eu imediatamente respondi: "Pela porta". Isso a deixou um pouco perplexa, mas, no meu ponto de vista, era perfeitamente correto. Tínhamos acabado de ver um corpo, provavelmente o primeiro da vida dela, e a situação a havia abalado e a fizera ponderar questões existenciais — quem sou eu? De onde venho? Qual é o sentido da vida? Há algo depois da morte? —, para as quais a medicina legal não oferece respostas, é claro. Com uma frase, eu a puxei da filosofia para a realidade, bruscamente e com um toque de humor.

Preciso concluir, não porque não tenha mais histórias para contar, mas porque tudo tem um fim, tanto este livro quanto a própria vida. Então não se esqueça de aproveitá-la enquanto ela sorri para você, respeitando os outros e a si mesmo, antes que a morte bata à sua porta.

ESTA OBRA FOI COMPOSTA PELA ABREU'S SYSTEM EM INES LIGHT
E IMPRESSA EM OFSETE PELA GRÁFICA SANTA MARTA SOBRE PAPEL PÓLEN BOLD
DA SUZANO S.A. PARA A EDITORA SCHWARCZ EM FEVEREIRO DE 2025

A marca FSC® é a garantia de que a madeira utilizada na fabricação do papel deste livro provém de florestas que foram gerenciadas de maneira ambientalmente correta, socialmente justa e economicamente viável, além de outras fontes de origem controlada.